Skateboarding

Hinweise

Aus Gründen der besseren Lesbarkeit wird in dem vorliegendem Buch bei Personenbezeichnungen die männliche Sprachform verwendet. Dies impliziert jedoch keine Benachteiligung des weiblichen Geschlechts, sondern kann im Sinne der sprachlichen Vereinfachung als geschlechtsneutral zu verstehen sein.

Das vorliegende Buch wurde sorgfältig erarbeitet. Dennoch erfolgen alle Angaben ohne Gewähr. Weder der Autor noch der Verlag können für eventuelle Nachteile oder Schäden, die aus den im Buch vorgestellten Informationen resultieren, Haftung übernehmen.

Sollte diese Publikation Links auf Webseiten Dritter enthalten, so übernehmen wir für deren Inhalte keine Haftung, da wir uns diese nicht zu eigen machen, sondern lediglich auf deren Stand zum Zeitpunkt der Erstveröffentlichung verweisen.

Ramin Tehrani

SKATEBOARDING

EIN LEHRBUCH FÜR THEORIE UND PRAXIS

BASICS | ERSTE TRICKS | BILDREIHEN

Mit Videos zum Download

MEYER & MEYER VERLAG

Skateboarding

Bibliografische Information der Deutschen Nationalbibliothek

Die Deutsche Nationalbibliothek verzeichnet diese Publikation in der Deutschen Nationalbibliografie; detaillierte bibliografische Details sind im Internet über <http://dnb.d-nb.de> abrufbar.

Auckland, Beirut, Dubai, Hägendorf, Hongkong, Indianapolis, Kairo, Kapstadt, Manila, Maidenhead, Neu-Delhi, Singapur, Sydney, Teheran, Wien

Member of the World Sport Publishers' Association (WSPA)

Gesamtherstellung: Print Consult GmbH, München

MIX
Papier | Fördert gute Waldnutzung
FSC® C084279

978-3-8403-7793-8

E-Mail: verlag@m-m-sports.com

www.dersportverlag.de

INHALT

VORWORT

Viele kennen das Gefühl. Man geht an einem Skatepark oder einem Ort, an dem sich Skateboarder ihrer Leidenschaft widmen, vorbei und kommt reflexartig zum Stehen. Unwillkürlich beobachtet man das Geschehen. Die Spannung, wenn die Protagonisten zum Trick ansetzen, ist auch für die Zuschauer ansteckend. Manch einer denkt, dass man das auch gerne können möchte oder es gerne schon als Kind versucht hätte.

Man versetzt sich in die Perspektive der Skateboarder. Die fast rauschgleiche Freisetzung von Glücksgefühlen, wenn sie einen Trick gestanden haben, kann man ihnen förmlich ansehen. Selbst wenn das Meistern der waghalsigen Manöver etliche Anläufe abverlangen kann. Das Abklatschen mit den Freunden, auch wenn sie unbeteiligt an den Kunststücken sind, schafft ein packendes Gemeinschaftsgefühl, welches man selbst als Zuschauer wahrnehmen kann.

Was für ein Gefühl muss das sein, das einen immer wieder dazu antreibt, sich selbst physisch und psychisch zu überwinden, um das Wagnis eines Tricks einzugehen? Man kann sich der Faszination kaum entziehen. Erneut denkt man sich: Das würde ich auch gerne können!

» Aber ist es möglich, Skateboarden einfach zu lernen?

» Bin ich noch zu jung dafür?

» Oder schon zu alt?

» Oder etwa nicht sportlich genug?

Die gute Nachricht vorab: Grundsätzlich kann jeder Mensch skaten lernen!

Mit genau diesem Buch möchte ich den Einstieg in die Skateboardwelt für jede Person ermöglichen und sie dabei ein Stück weit auf dem Weg in den Kosmos des Skateboardings begleiten. Dabei befasst sich der erste Teil des Buchs mit Grundvoraussetzungen wie Mut und Durchhaltevermögen, um den Sport auszuüben und dem Aufbau, sowie der Anschaffung des ersten eigenen Skateboards. Darauf folgen bebilderte Schritt-für-Schritt-Anleitungen für die Grundlagen und die ersten Tricks auf dem Board.

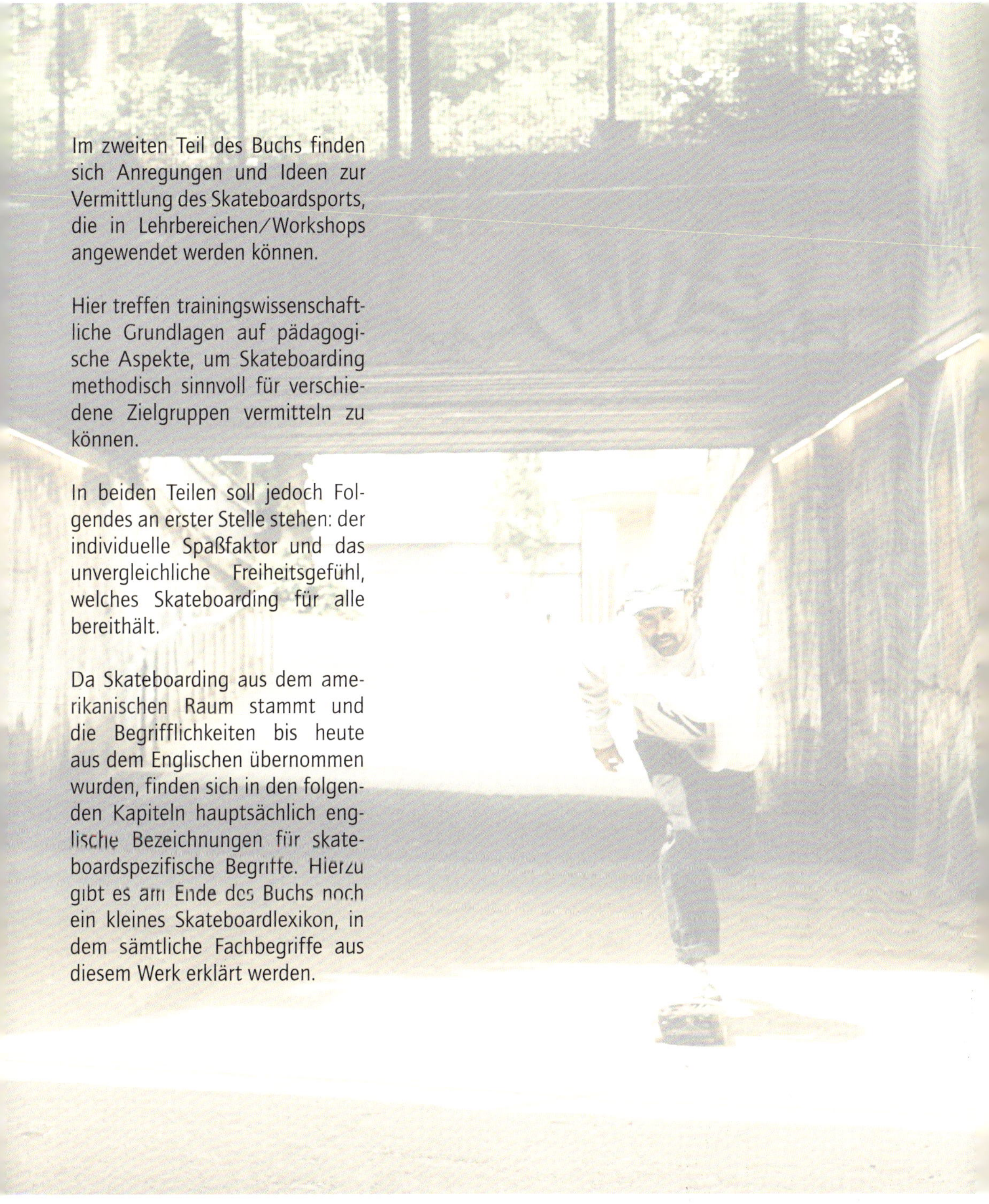

Im zweiten Teil des Buchs finden sich Anregungen und Ideen zur Vermittlung des Skateboardsports, die in Lehrbereichen/Workshops angewendet werden können.

Hier treffen trainingswissenschaftliche Grundlagen auf pädagogische Aspekte, um Skateboarding methodisch sinnvoll für verschiedene Zielgruppen vermitteln zu können.

In beiden Teilen soll jedoch Folgendes an erster Stelle stehen: der individuelle Spaßfaktor und das unvergleichliche Freiheitsgefühl, welches Skateboarding für alle bereithält.

Da Skateboarding aus dem amerikanischen Raum stammt und die Begrifflichkeiten bis heute aus dem Englischen übernommen wurden, finden sich in den folgenden Kapiteln hauptsächlich englische Bezeichnungen für skateboardspezifische Begriffe. Hierzu gibt es am Ende des Buchs noch ein kleines Skateboardlexikon, in dem sämtliche Fachbegriffe aus diesem Werk erklärt werden.

1 JEDER KANN SKATEBOARD FAHREN

(UNTER MITARBEIT VON DR. INGO HELMICH)

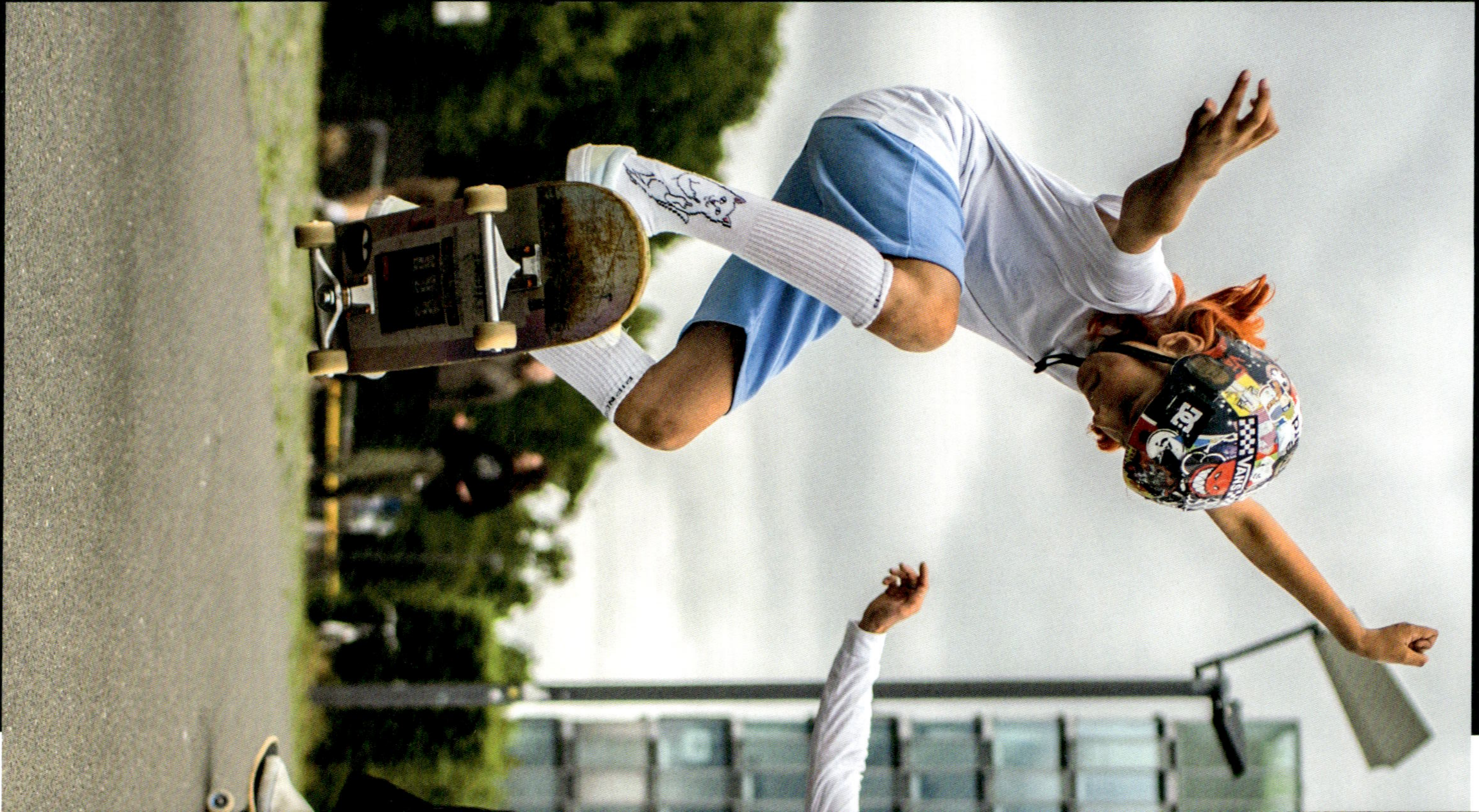

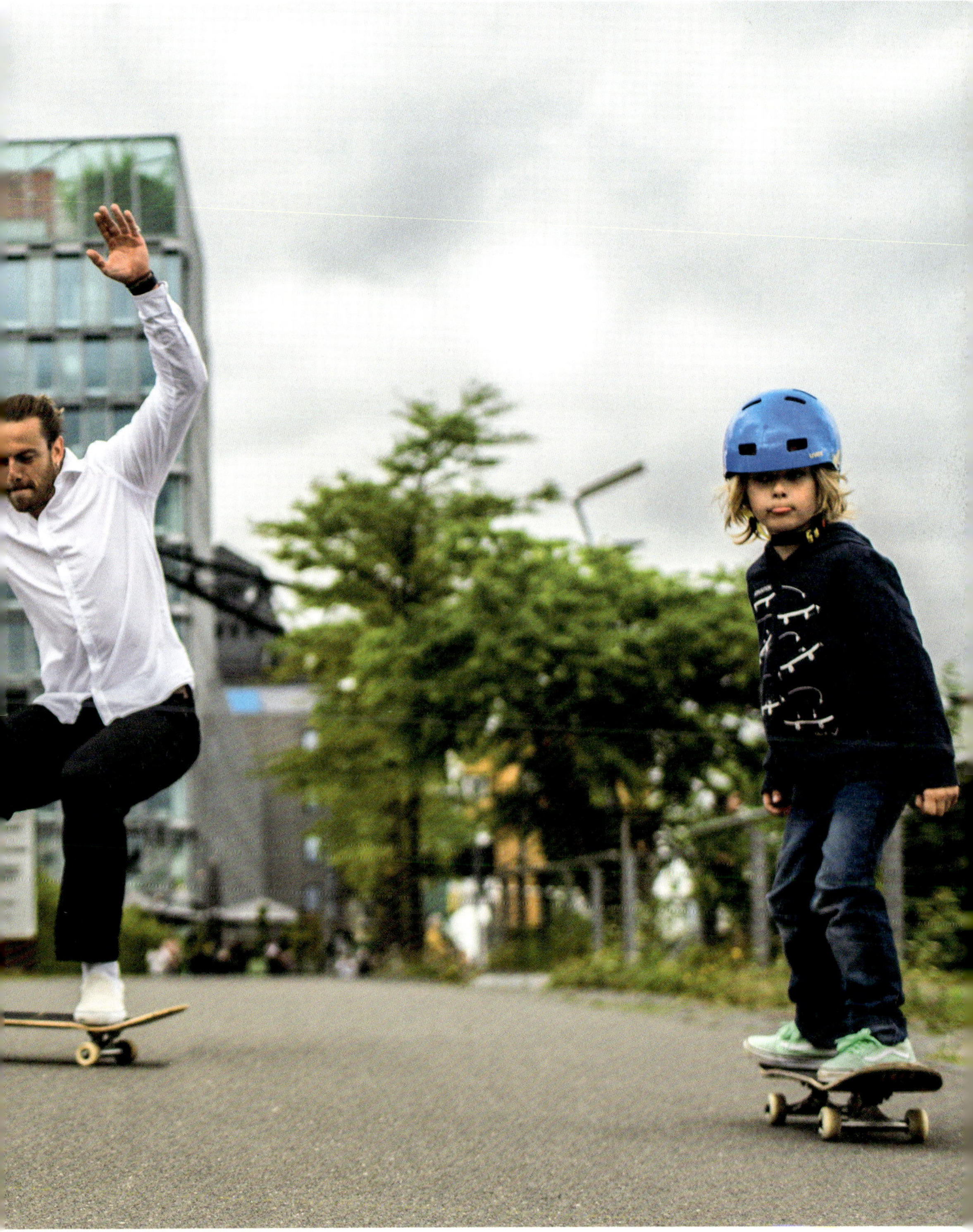

Da es sich beim Skateboarden gewiss um eine Art Lebensgefühl mit Freiheitscharakter, in erster Linie aber noch um eine Sportart handelt, können diverse physische und psychische Voraussetzungen den Einstieg auch in diese Sportart begünstigen. Eine gewisse körperliche Fitness und bereits gemachte positive Bewegungserfahrungen sind daher sicherlich von Vorteil. Ebenso wie Disziplin, Durchhaltevermögen und Mut. Eine Bedingung für den Beginn dieses Individualsports stellen sie aber dennoch nicht dar, denn das Skaten selbst bietet eine hervorragende Ausbildung ebendieser motorischen und kognitiven Fähigkeiten.

Die Leser dieses Buchs brauchen sich daher von der Aufzählung der genannten Fähigkeiten nicht einschüchtern zu lassen. Bereits mit dem Lesen dieses Buchs zeigen angehende Brettsportler nämlich eine entscheidende Komponente, um Skateboarding lernen zu können: den Willen.

Im folgenden Kapitel sollen hierzu drei Aspekte erläutert werden, die Einfluss auf das Skateboarden nehmen. Diese bilden gleichzeitig Ziele und positive Nebeneffekte dieses Sports.

1.1 PHYSIOLOGISCHER ASPEKT

Skateboarding ist in vielerlei Hinsicht eine besondere Sportart. Eine der Besonderheiten besteht darin, dass dieser Sport keine speziellen körperlichen Voraussetzungen oder sonderlichen Talente erfordert. Weder der Körperbau, das Geschlecht oder das Alter sind Ausschlusskriterien. Jeder kann diesen Sport ausüben. Natürlich sollten, wie bei allen anderen Sportarten auch, keine akuten körperlichen Beschwerden vorherrschen.

Tatsächlich ist Skateboarden im Gegensatz zu konventionellen Sportarten wie Handball oder Fußball verletzungsarm (Feiler & Frank, 2000). Nach einer Studie von Feiler et al. (2000) liegt das Gesamtverletzungsrisiko bei tausend Stunden Expositionszeit bei nur einer Verletzung pro Skateboarder. Damit liegt das Verletzungsrisiko beim Skateboarding sogar unter dem von Fußball oder Handball (Klein et al., 2019).

Und doch handelt es sich um eine sportliche Aktivität, bei der positive Anpassungserscheinungen in Bezug auf das körperliche Befinden und die Gesundheit hervorgerufen werden (Bull & Al-Ansari, 2020). Anpassungserscheinungen durch Skateboarden betreffen sämtliche physiologischen Parameter wie bei jedem anderen Sport auch.

Führt ein Skater z. B. regelmäßige Ollies (Sprung mit dem Skateboard, siehe Kap. 5.3) aus, so erhöht sich die Sprungkraft. Mit einer erhöhten Sprungkraft erhöht sich auch die Masse der trainierten Muskulatur und die trainierende Person ist in der Lage, durch eine erhöhte Kraftfähigkeit höhere Sprünge zu bewältigen. Somit kann festgehalten werden, dass Skateboarden zwar hin und wieder mit ein paar Blessuren und blauen Flecken einhergeht, die positiven Effekte des Sporttreibens jedoch überwiegen.

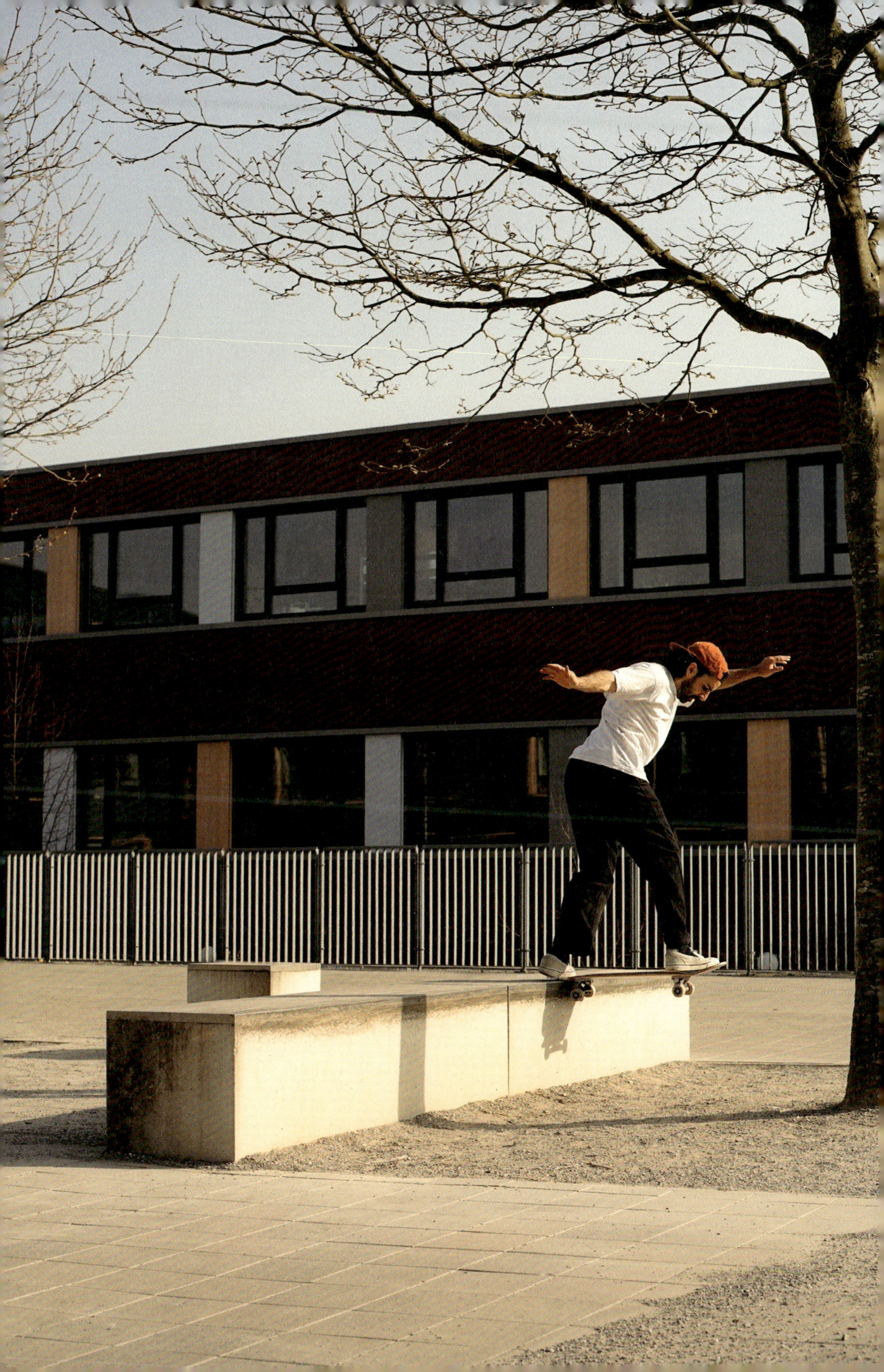

1.2 MOTORISCHER ASPEKT

Dass beim Skateboarden die Balancefähigkeit essenziell ist, haben bereits all diejenigen erfahren, die sich schon einmal auf ein Skateboard gestellt haben. Die Balance bildet die grundlegende motorische Herausforderung, um die Kontrolle über das Skateboard zu erlangen.

Wie zuvor erwähnt, ist dies aber keine Voraussetzung für das Erlernen des Skateboardfahrens. Vielmehr eignet sich das Skateboard als Mittel zur Schulung der Balance (Helmich & Tehrani, 2022). Für den Einstieg bedarf es beim Skateboarden lediglich einer grundlegenden Balancefähigkeit. Durch regelmäßiges Fahren mit dem Skateboard wird das Gleichgewicht stetig verbessert. Das Skateboard ist also ein ideales Trainingsgerät für die Schulung der Balance (Helmich & Tehrani, 2022).

1.3 MENTALER ASPEKT

Abgesehen von der körperlichen Eignung, umfasst Skateboarding einen weiteren Aspekt, der womöglich noch mehr gewichtet werden kann als der physiologische und motorische. Es sind nämlich die geistigen Stärken, die beim Skateboarden eine entscheidende Rolle einnehmen.

Intrinsische Motivation, Risikobereitschaft, Disziplin und Durchhaltevermögen. Dies sind einige dieser Aspekte, die einem immer wieder bei der Umsetzung von neuen oder ungewohnten Bewegungen auf dem Board abverlangt werden.

Doch im Gegensatz zu anderen Sportarten, wie Fußball, Turnen oder Leichtathletik, müssen diese Aspekte nur von einer Person bewältigt werden. Von einem selbst. Kein Trainer, kein Mitspieler, kein Verein, verlangt, dass man diesen einen Trick machen oder zum „Training" erscheinen soll.

Dieser freiheitliche Charakter ist eine der besonderen Eigenschaften, die Skateboarding auszeichnen. Die verlockendste (und wohl auch wichtigste) Folge der Intrinsischen Motivation ist jedoch eine tiefe und dauerhafte Zufriedenheit, die nicht selten in einem rauschartigen Zustand gipfelt, der häufig auch als „Flow" bezeichnet wird (Seifert & Hedderson, 2009).

Das Gefühl, einen Trick nach einer Vielzahl von Versuchen geschafft zu haben, ist ein einzigartiges Glücksgefühl und motiviert zugleich, sein Trickrepertoire zu erweitern. Da das Meistern der Tricks von den Skatern in der Regel zahlreiche Anläufe fordert, wird durch Skateboarden darüber hinaus die psychische Belastbarkeit geschult.

Um das Skateboarden zu lernen, benötigt man somit nicht nur Durchhaltevermögen, sondern schult es auch. Gleiches gilt für die Resilienz – also die allgemeine psychische wie physische Widerstandskraft. Gelingt einem nach etlichen Anläufen endlich ein Trick, bereitet dies Freude und Glücksgefühle. Dabei spielt es keine Rolle, um welchen Trick es sich handelt.

(Unter Mitarbeit von Dr. Ingo Helmich)

Diese positiven Emotionen lassen sich auf allen Könnensstufen erreichen und beliebig oft reproduzieren. Denn Skateboarding bietet eine scheinbar unendliche Palette an freien Bewegungsmöglichkeiten, die es zu erproben und meistern gilt.

Der Charakter des Skateboardens lässt sich unterm Strich mit Freiheit, Euphorie, physischer sowie psychischer Herausforderung und der anschließenden Zufriedenheit beschreiben. Jede Person, die sich zu diesem Sport hingezogen fühlt, beziehungsweise ihn ausprobieren möchte, sollte sich daher nicht von äußerlichen oder gesellschaftlichen Faktoren beeinflussen lassen. Denn, wie bereits eingangs erwähnt – jeder Mensch kann das Skaten lernen.

Also, auf das Skateboard! Fertig? Los!

2 DAS SKATEBOARD IN EINZELTEILEN

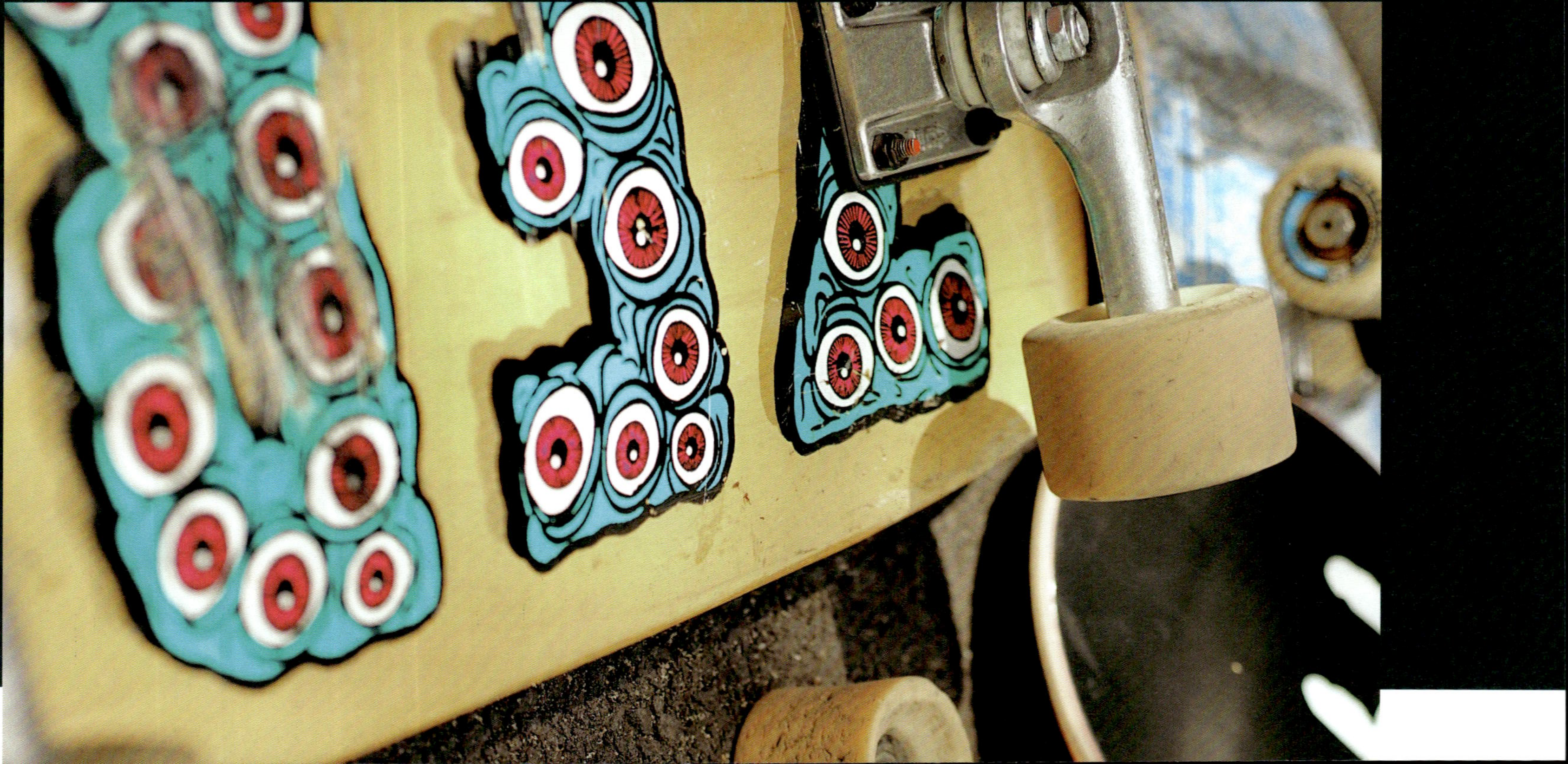

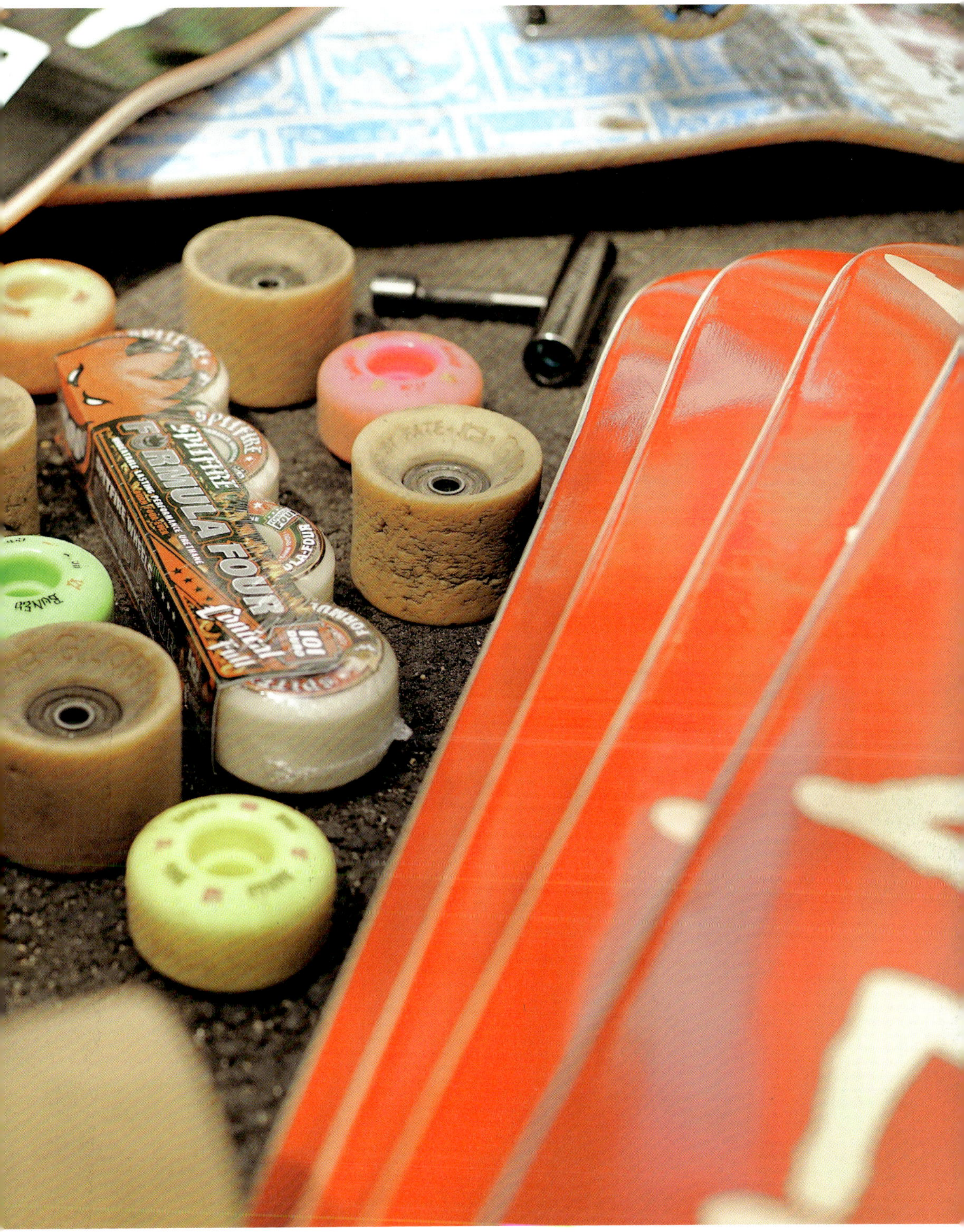
SPITFIRE
FORMULA FOUR
Conical Full

2.1 DECK (BRETT)

Das Brett, auch *Deck* genannt, besteht meist aus sieben Schichten Ahornholz, die in die typische Skateboardform zusammengepresst werden. Jedes Deck hat eine Vorderseite, die *Nose* (engl. für Nase) genannt wird, und eine Hinterseite, die als *Tail* (engl. für Schwanz) bezeichnet wird. Beim Standarddeck mögen diese auf den ersten Blick identisch aussehen, allerdings wird beim genaueren Hinsehen deutlich, dass die Nose etwas steiler und länger als das Tail ist.

Die Breite eines Decks bestimmt die Fahreigenschaften. Je schmaler das Brett ist, desto leichter lässt es sich bei einem Sprung drehen (flippen). Je breiter das Brett ist, desto mehr Fläche bietet es zum Landen.

Die Größe der Decks wird in amerikanischen Inches gemessen und gibt die Breite der Decks an (Abb. 1). Reguläre Größen gehen hierbei von 7.5" bis 8.5". Die Standardgröße der meisten Boards liegt heute bei etwa 8.0". Größen für Kinderskateboards liegen zwischen 6,5"-7,5". Es gibt aber auch breitere Decks, die bis zu 10" breit sind, etwa bei den „Old-School"-Boards (Abb. 2). Diese werden allerdings eher in größeren Rampen wie Bowls (schüsselartige Rampen) gefahren.

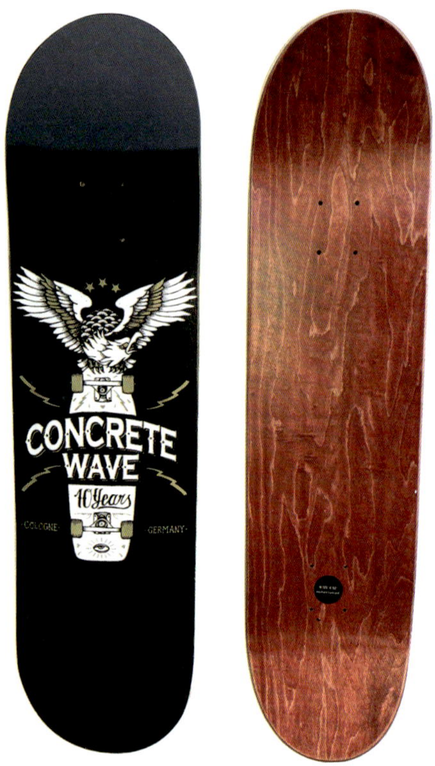

Abb. 1: Standard Deck (Unter- und Oberseite)

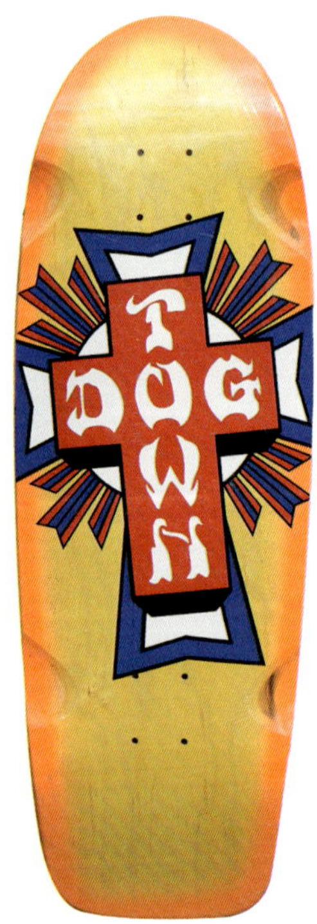

Abb. 2: Old-School-Deck

2.2 GRIPTAPE

Auf die Oberseite des Decks wird sogenanntes *Griptape* geklebt (Abb. 3). Dabei handelt es sich um eine rutschfeste Auflage wie Schmirgelpapier. Das Griptape sorgt für guten Halt auf dem Board. Hierbei gibt es mittlerweile verschiedenste Farben und Designs. Ein schwarzes Griptape bildet hierbei den Standard.

Um die Langlebigkeit des Griptapes zu erhalten, macht es Sinn, sich vor jeder Skatesession die Sohlen der Schuhe anzuschauen. Diese sollten im besten Fall sauber und trocken sein.

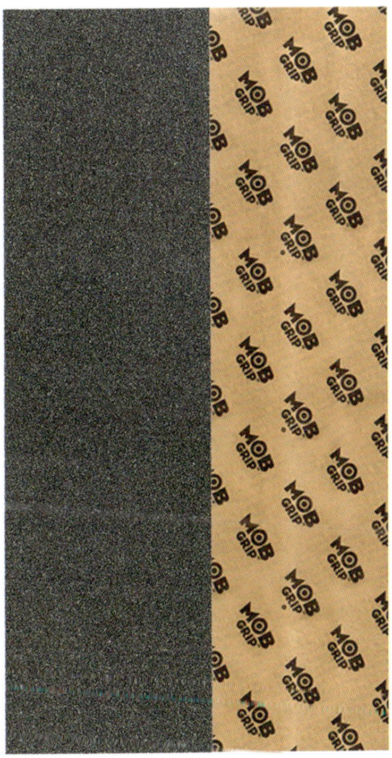

Abb. 3: Eine Lage Griptape

2.3 ACHSEN

Die Skateboardachsen, auch *Trucks* genannt, werden unter das Brett, vor Nose und Tail, mit jeweils vier Schrauben befestigt. Diese dienen nicht nur für die Befestigung der Rollen, sondern auch zum Lenken des Skateboards. Die Achsen bestehen zum größten Teil aus Metall und sind der komplexeste Teil des Skateboards.

Eine Achse setzt sich zusammen aus:

1. *Baseplate* (Basisplatte) mit integriertem *Kingpin* (Verbindungsstück in Form einer Schraube) und *Pivot Cup* (Gummikappe).

2. *Hanger*, der den Hauptteil der Achse bildet. Dieser liegt mit der Spitze im Pivot Cup drin und mit der Aushöhlung um die Kingpin-Schraube. Zu beiden Seiten schaut der *Achsstift* heraus, auf dem die Rollen mit jeweils einer *Achsmutter* geschraubt werden.

3. Zwei Lenkgummis, auch *Bushings* genannt, die das Lenken ermöglichen. Diese liegen auf dem Kingpin. Sie werden mit einem *Washer* (Unterlegscheibe) zwischen dem Hanger, der Baseplate und der Kingpin-Mutter befestigt. An der Kingpin-Mutter kann man die Flexibilität der Achse mit einem Tool (Werkzeug) einstellen. Von *loose* (locker) zu *tight* (fest). Je fester die Achse ist, desto stabiler steht man auf dem Board. Jedoch bieten lockere Achsen mehr Spielraum für das Lenken.

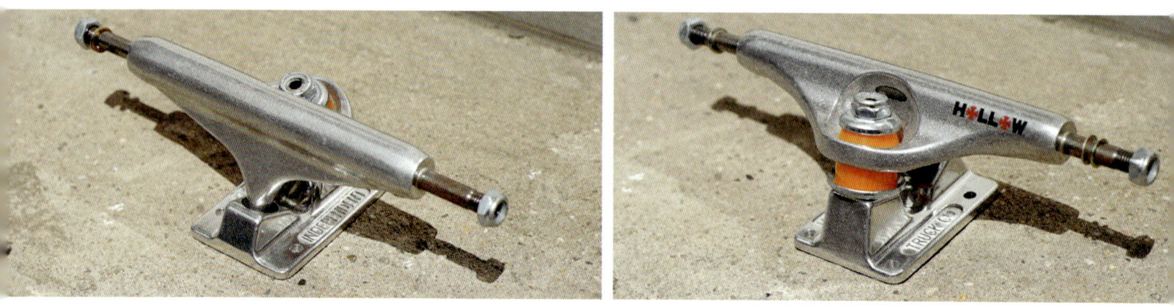

Abb. 4: Achsen (Trucks)

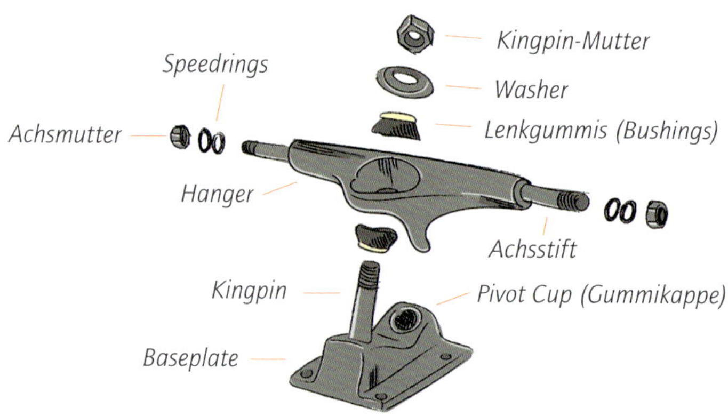

Achsen gibt es typischerweise in zwei Varianten. In *low* (niedrig) und *high* (hoch). Hierbei unterscheidet sich die Höhe der Achse. Sowohl hohe als auch niedrige Achsen sind gängig. Das ist eine Geschmackssache. Allerdings lassen sich bei höheren Achsen auch größere Rollen fahren.

Zusätzlich ist die Breite der Achsen zu beachten. Diese sollten an das Skateboard angepasst sein, indem sie ungefähr die gleiche Breite wie das Brett messen.

Im Gegensatz zu den anderen Komponenten eines Skateboards können Achsen über mehrere Jahre gefahren werden. Der Verschleiß ist hier also, abgesehen von den Abrieb-(Grind-) Spuren (Abb. 5), geringer als bei allen anderen Teilen des Skateboards.

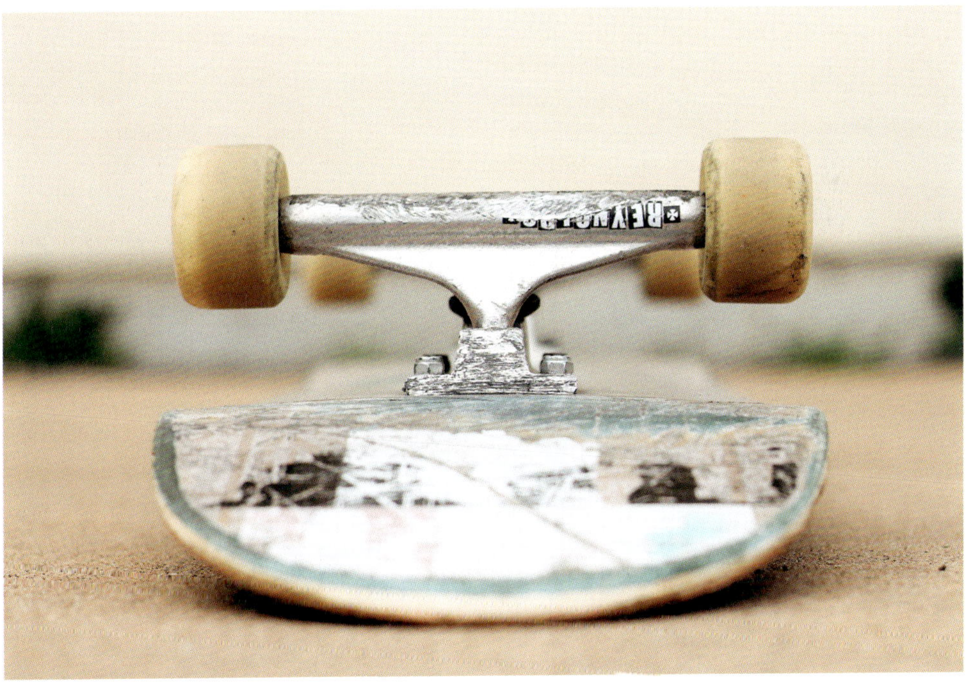

Abb. 5: Achse mit Gebrauchsspuren

2.4 ROLLEN

An den Achsen werden die vier Rollen (*Wheels*) befestigt (Abb. 6). Diese bestehen aus dem Kunststoffmaterial Polyurethan. Je nachdem, wofür man ein Skateboard benutzen möchte, variiert die Größe der Rollen sowie der Härtegrad des Materials.

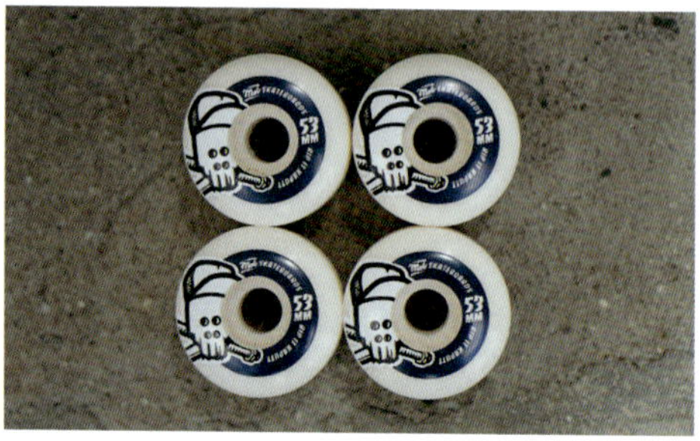

Abb. 6: Rollen (Wheels)

Ist das Ziel das Fahren im Skatepark oder das Erlernen von Tricks, eignen sich härtere Rollen mit kleinerem Radius (50-54 Millimeter). Wenn das einfache Fahren durch die Straßen die primäre Absicht ist, sind größere Rollen (55-60 Millimeter) mit niedrigeren Härtegraden (90a und niedriger) zu empfehlen – sogenannte *Cruiserwheels* (Abb. 7). Diese sind weicher, bieten mehr Halt (*Grip*) und ermöglichen das Rollen auf unebenem Untergrund oder schlecht asphaltiertem Boden.

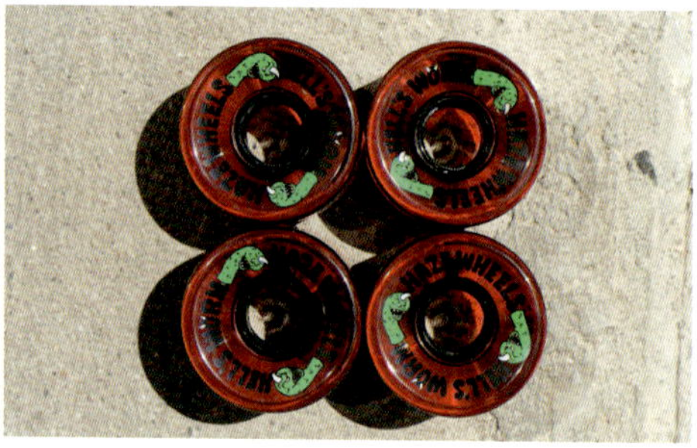

Abb. 7: Cruiserweels

2.5 KUGELLAGER

In jede Rolle kommen zwei Kugellager, die auch bekannt als *Bearings* sind (Abb. 8). Diese kleinen Ringe mit integrierten Stahlkugeln sorgen dafür, dass sich die Rollen über einen längeren Zeitraum drehen können. Die Stahlkugeln im Kugellager sind meistens durch Schutzkappen (*Shields*) geschlossen, damit sich kein Staub oder andere Fremdkörper in den Kugellagern verfangen können.

Um die Kugellager langlebiger zu machen, sollte man stets darauf achten, das Skateboard vor Staub, Sand und vor allen Dingen Nässe zu bewahren. Die Kugellager können bei Nässe schnell rosten und werden damit unbrauchbar. Daher sollte das Skateboard nicht bei Regen benutzt werden.

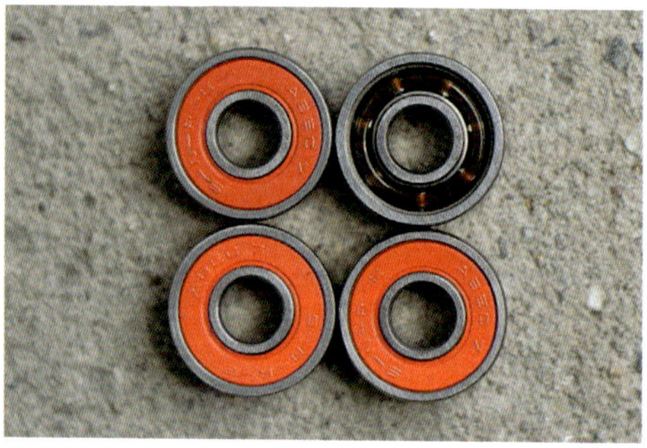

Abb. 8: Kugellager

2.6 SCHRAUBEN

Um die Achsen mit dem Deck befestigen zu können, werden acht Schrauben (*Bolts*) und dafür passende Muttern benutzt (Abb. 9). Die sogenannten Montagesätze gibt es in verschiedenen Ausführungen, die sich in Länge und Schraubkopf (Inbus oder Kreuz) unterscheiden.

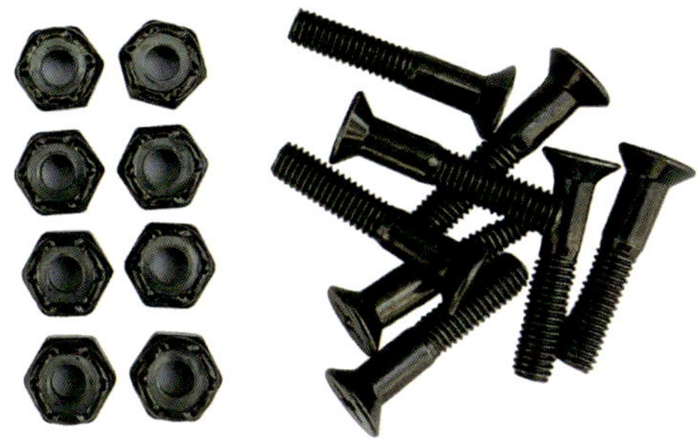

Abb. 9: Montagesatz

2.7 EMPFEHLUNG FÜR DAS ERSTE SKATEBOARD

- Wo kauft man nun das erste Skateboard?
- Im Kaufhaus?
- Gebraucht im Internet?
- Oder doch im Fachhandel, in den sogenannten *Skateshops*?

Die meisten Skater haben ihr erstes Board nicht direkt im Fachhandel erworben, sondern mit einem Skateboard aus dem Kaufhaus angefangen. Der verlockend günstige Preis oder fehlende Erfahrung sind in den meisten Fällen die Hauptgründe. Die Folge: Das Board tut in den meisten Fällen nicht wirklich das, was es soll.

Das liegt unter anderem daran, dass minderwertige oder gar ungeeignete Materialien im Gerät verarbeitet sind. Das Board ist dann beispielsweise kaum lenkbar oder bleibt nach nur wenigen Zentimetern stehen, da die Rolleigenschaft nicht stimmt. Dies erschwert Fortschritte auf dem Skateboard und häufig bleiben Motivation und Spaß ebenfalls auf der Strecke. Daher empfiehlt es sich, das erste Skateboard direkt im Fachhandel zu erwerben.

Für den Start reicht ein sogenanntes *Komplettboard* aus. Dabei handelt es sich um ein vorgefertigtes Skateboard. Diese stehen fahrbereit im Skateboardfachgeschäft und können oft vor dem Erwerb (vorsichtig) im Laden getestet werden. Die Komplettboards liegen im Schnitt bei etwa 100 Euro (Stand: 2022) und sind in der Regel von guter Qualität.

Für die Größe und Variante des Boards kann man sich im Skateshop beraten lassen. Bei der Größe orientiert man sich grob an der eigenen Schuhgröße. Je größer der Fuß, desto breiter das Board. Die empfohlene Größe sollte ungefähr passen, aber das Board sollte einem selbst natürlich auch gefallen.

3 DAS SKATEBOARD ALS FORTBEWEGUNGSMITTEL

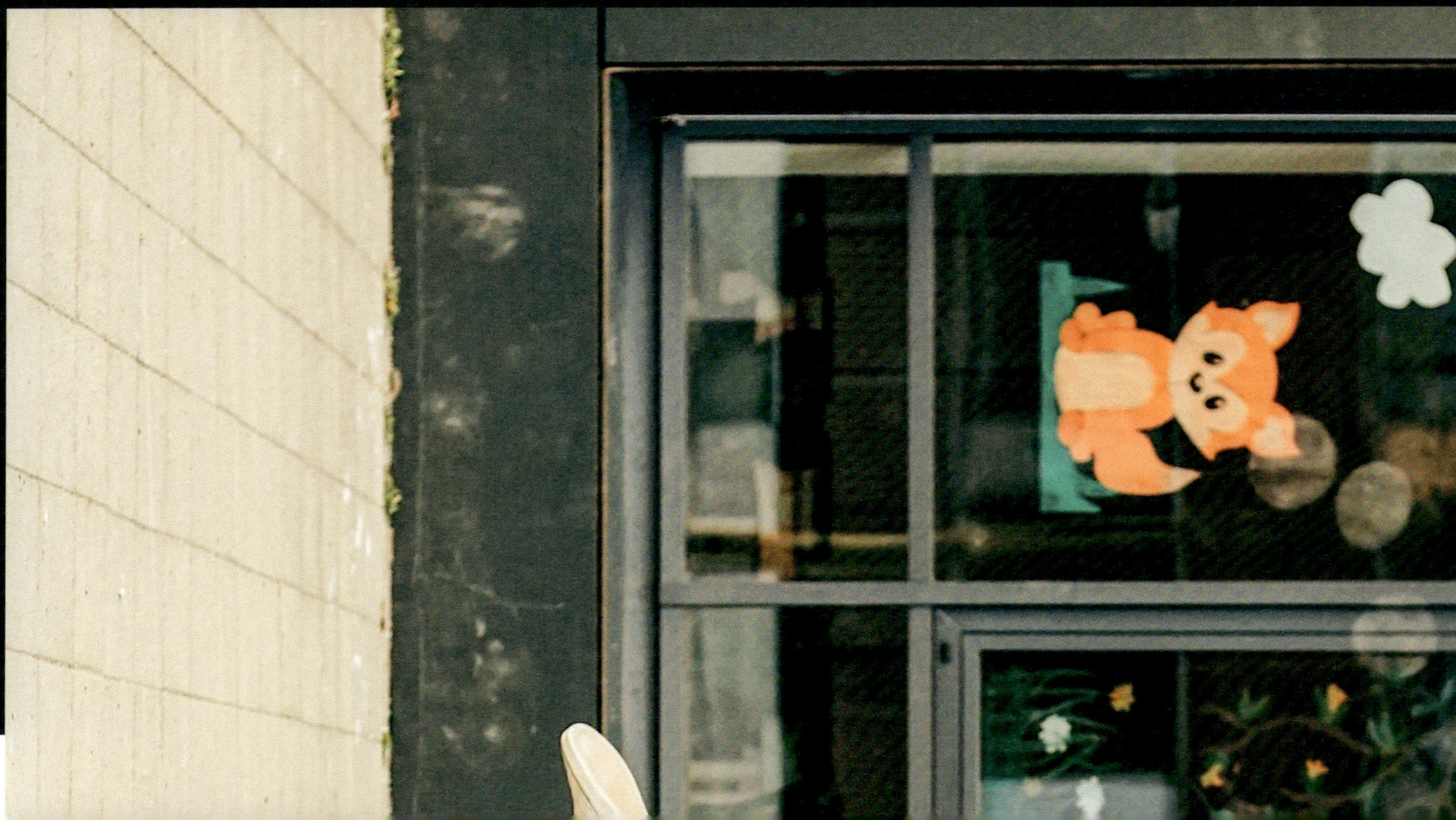

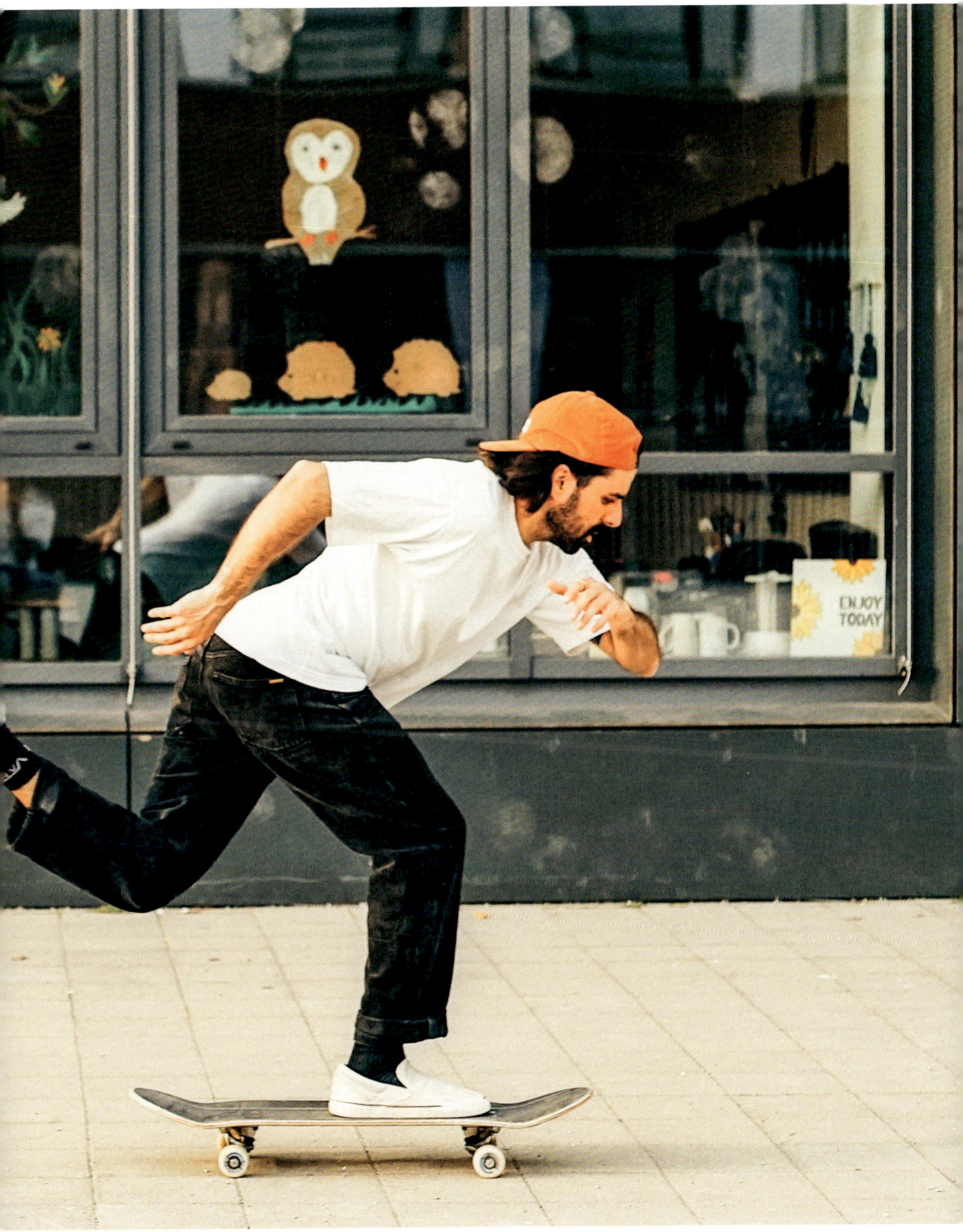
ENJOY
TODAY

3.1 DER RICHTIGE STAND

Im Gegensatz zu vielen anderen Sportgeräten (Skier, Inlineskates & Co.) steht man grundsätzlich seitlich auf dem Skateboard. Das bedeutet, dass während des Fahrens ein Fuß vorne und einer hinten steht.

Hieraus ergeben sich zwei mögliche Fußstellungen, auch *Stances* genannt. Steht man mit dem linken Fuß vorne, fährt man *Regular* (Abb. 10). Steht man mit dem rechten Fuß vorne, fährt man *Goofy* (Abb. 11).

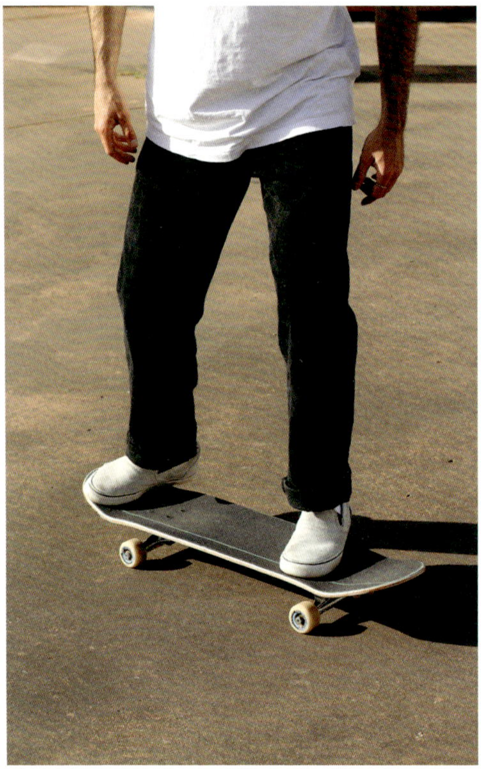

Abb. 10: Regular-Fußstellung

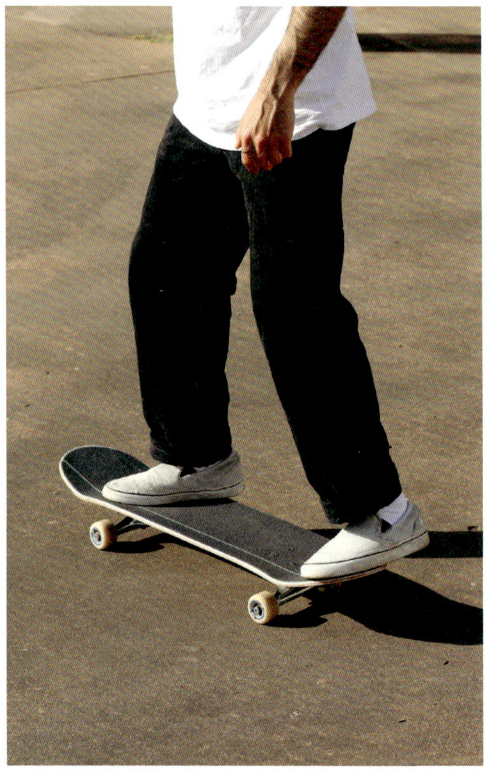

Abb. 11: Goofy-Fußstellung

Um seine Stance herauszufinden, gibt es mehrere Möglichkeiten. Oft stellt man sich intuitiv mit der stärkeren Seite zuerst aufs Board. Ein kurzer Gegencheck, wie es mit der anderen Seite funktioniert, bestätigt dann oftmals den ersten Eindruck. Übt man bereits einen anderen Boardsport (Snowboarden, Surfen etc.) aus, so ist die Fußstellung in den meisten Fällen identisch dazu.

Wenn sich die dominante Seite jedoch weder durch Kenntnisse anderer Boardsportarten noch durch das intuitive Ausprobieren feststellen lässt, kann man einen Trick anwenden, um die richtige Fußstellung herauszufinden. Hierfür stellt sich jemand hinter die Person, die ihre Stance ausfindig machen möchte und schubst diese leicht nach vorne. Nun schaut man, mit welchem Fuß sich die Person intuitiv zuerst abfängt. Das ist in den meisten Fällen der dominante und vordere Fuß auf dem Board.

Um bei dem Test ein unverfälschtes Ergebnis zu erhalten, sollte die zu testende Person nicht genau wissen, worauf geachtet wird.

Unabhängig von der Stance gibt es auf dem Skateboard eine Grundposition, die in etwa immer gleich aussieht. Dabei steht man mit den Füßen genau auf den Schrauben, um eine optimale Balance auf dem Brett zu haben (Abb. 12). Wichtig ist hierbei, dass die Fußspitzen möglichst auf dem Brett stehen und nicht über das Board hinausragen (Abb. 13).

Mit den Fußspitzen am Rand des Boards hat man mehr „Boardgefühl", als wenn man mit den Fußballen vorne steht. In dieser Position sollte man mit leicht angewinkelten Knien stehen. Steht man zu steif auf dem Skateboard, so kippt man leicht herunter. Ein lockerer Stand gibt einem die benötigte Flexibilität, um auch bei Unebenheiten oder plötzlichen Bewegungen das Gleichgewicht bewahren zu können.

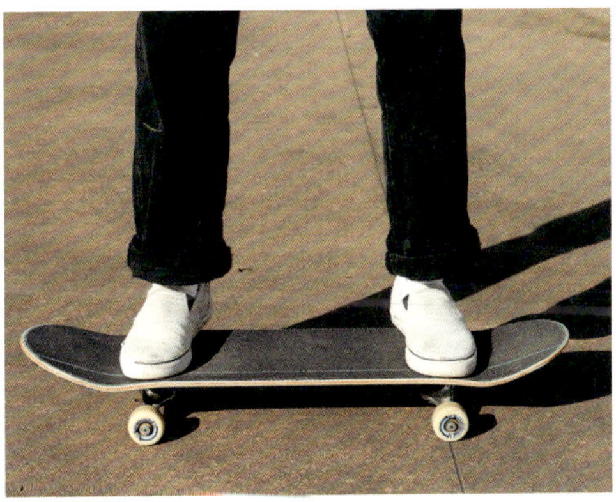

Abb. 12: Grundposition auf den Schrauben

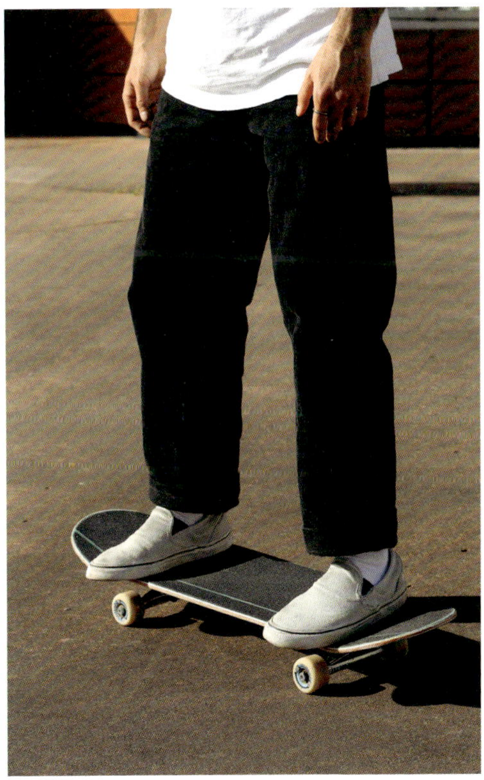

Abb. 13: Fehlerbild der Grundposition – die Fußspitzen ragen über die Boardkante hinaus.

3.2 DAS ANFAHREN – PUSHEN

Um sich mit dem Skateboard fortbewegen zu können, braucht man Antrieb. Wenn man nicht gerade auf einer Gefällstrecke steht, nutzt man dafür das sogenannte *Pushen*. Hierbei drückt man sich mit dem hinteren Fuß vom Boden in Fahrtrichtung weg, während der vordere Fuß mit den Zehen nach vorne zeigend auf den vorderen Schrauben steht (Abb. 14). Sobald man genug Antrieb durch das Pushen bekommen hat, stellt man sich nun in die Grundposition, um wieder eine optimale Balance zu haben.

Der vordere Fuß wird also von der geraden Position seitlich gedreht und der hintere Fuß gleichermaßen auf die hinteren Schrauben gesetzt. Nun steht man wieder seitlich auf dem Brett. Als Goofy-Fahrer stößt man sich folglich mit dem linken Fuß vom Boden ab.

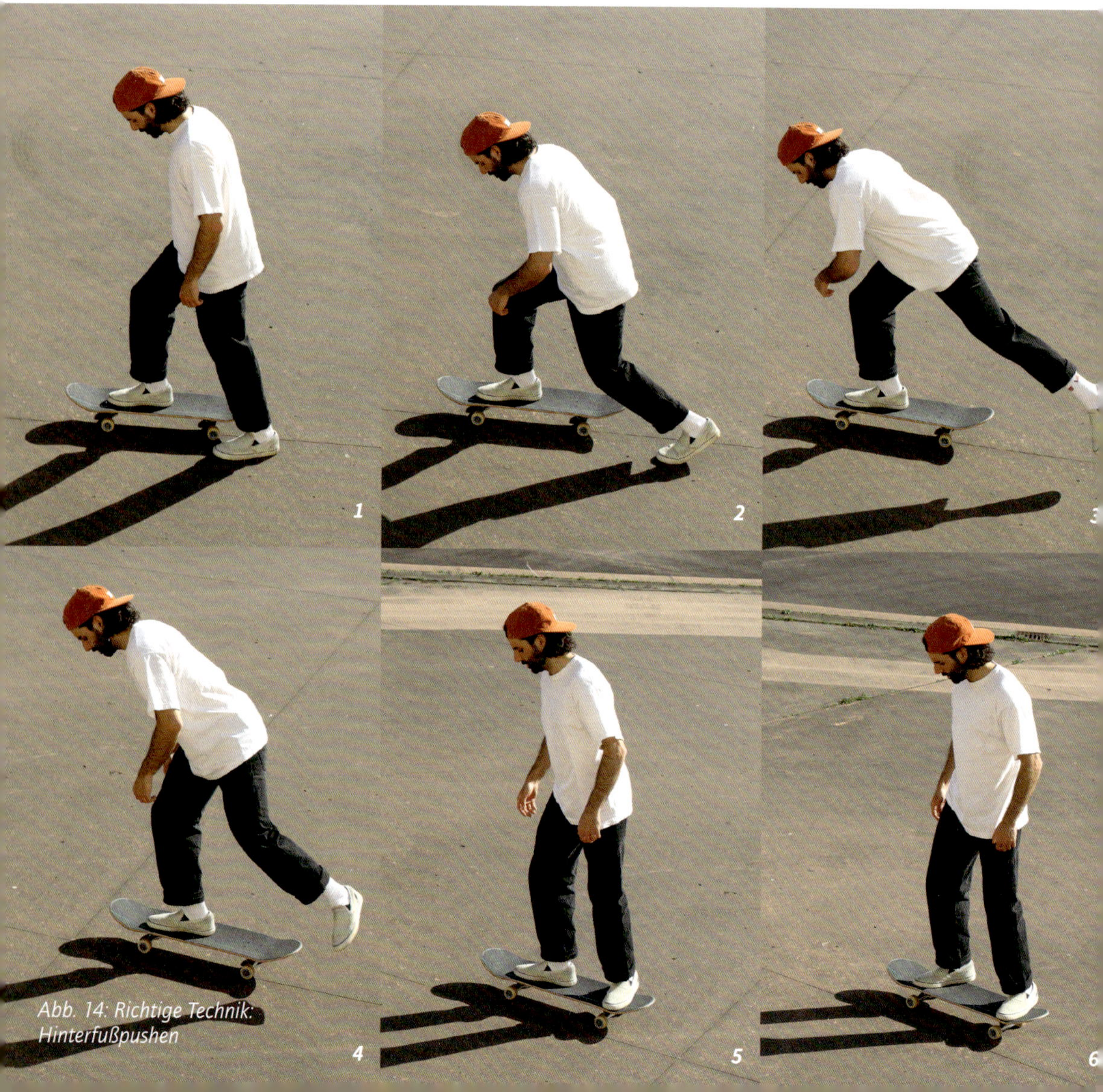

Abb. 14: Richtige Technik: Hinterfußpushen

Beim Pushen kommt ein bestimmtes Fehlerbild häufiger zum Vorschein: Wenn eine Person mit dem vorderen Fuß anstatt mit dem hinteren Fuß pusht (Abb. 15). Es hat einen ästhetischen Grund, weshalb Skater diese Art des Pushens weniger tolerieren. Wesentlich bedeutender ist jedoch die dadurch fehlerhafte Position des Körperschwerpunkts.

Während man beim richtigen Pushen (mit dem hinteren Fuß) den Körper eher nach vorne geneigt hat und der Körperschwerpunkt eher über bis vor dem Board ist, kommt es beim fehlerhaften Vorderfußpushen häufig dazu, dass man in Rücklage gerät. Die Gefahr, vom Board zu rutschen und nach hinten zu fallen (im Skatejargon spricht man bei diesem Sturz vom „Mr. Wilson"), ist also deutlich höher als bei der gängigen Variante des Pushens.

Außerdem ist es mit der fehlerhaften Technik schwieriger, sich für anschließende Tricks in die richtige Fußstellung zu bringen. Daher wird empfohlen, mit der richtigen Pushtechnik zu beginnen bzw. bei bereits falsch gelernter Technik eine Korrektur zum Hinterfußpushen vorzunehmen.

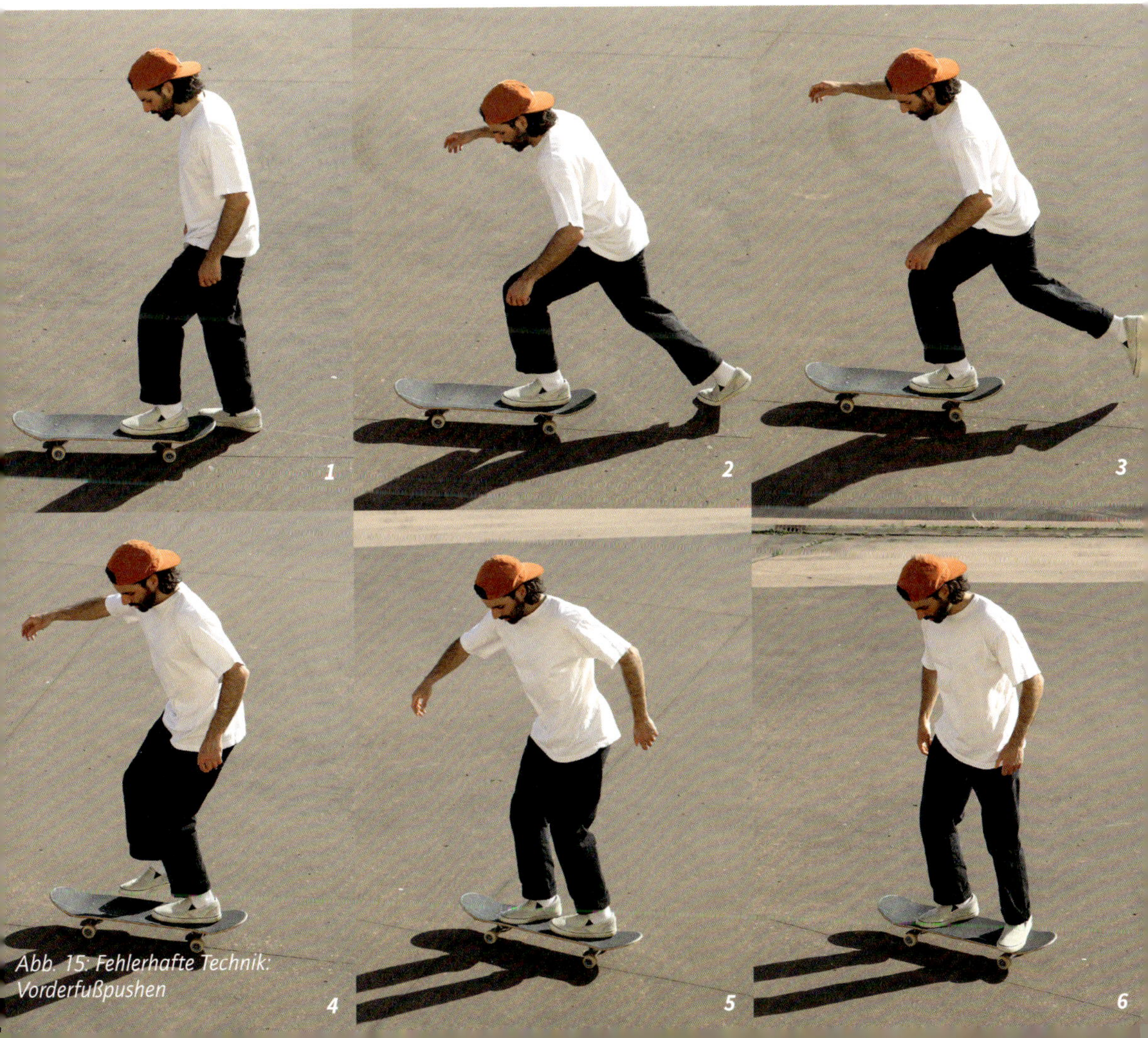

Abb. 15: Fehlerhafte Technik: Vorderfußpushen

3.3 DAS BREMSEN

Je schneller man mit dem Skateboard fährt, desto hilfreicher ist es, das Bremsen zu beherrschen. Dies dient nicht nur dazu, um Hindernisse zu umfahren, sondern gibt einem auch die Fähigkeit, die Kontrolle bei hohen Geschwindigkeiten zu bewahren.

Hierbei gibt es verschiedene Art und Weisen bzw. Techniken, um das Skateboard zum Stillstand zu bringen.

3.3.1 STEP-OFF

Die einfachste Technik, um mit dem Skateboard zu stoppen, ist ein Schritt nach vorne, auch *Step-off* genannt. Diese Bewegung wird oft intuitiv gemacht, bevor man irgendwelche Kenntnisse auf dem Board hat (Abb. 16).

Dazu wird der hintere Fuß (bei den Goofy-Skatern ist dies der linke Fuß) vor das Board in Fahrtrichtung gesetzt. Je nach Tempo setzt man nicht nur einen Fuß nach vorne, sondern läuft dann die Schritte aus, die sich aus der Geschwindigkeit ergeben.

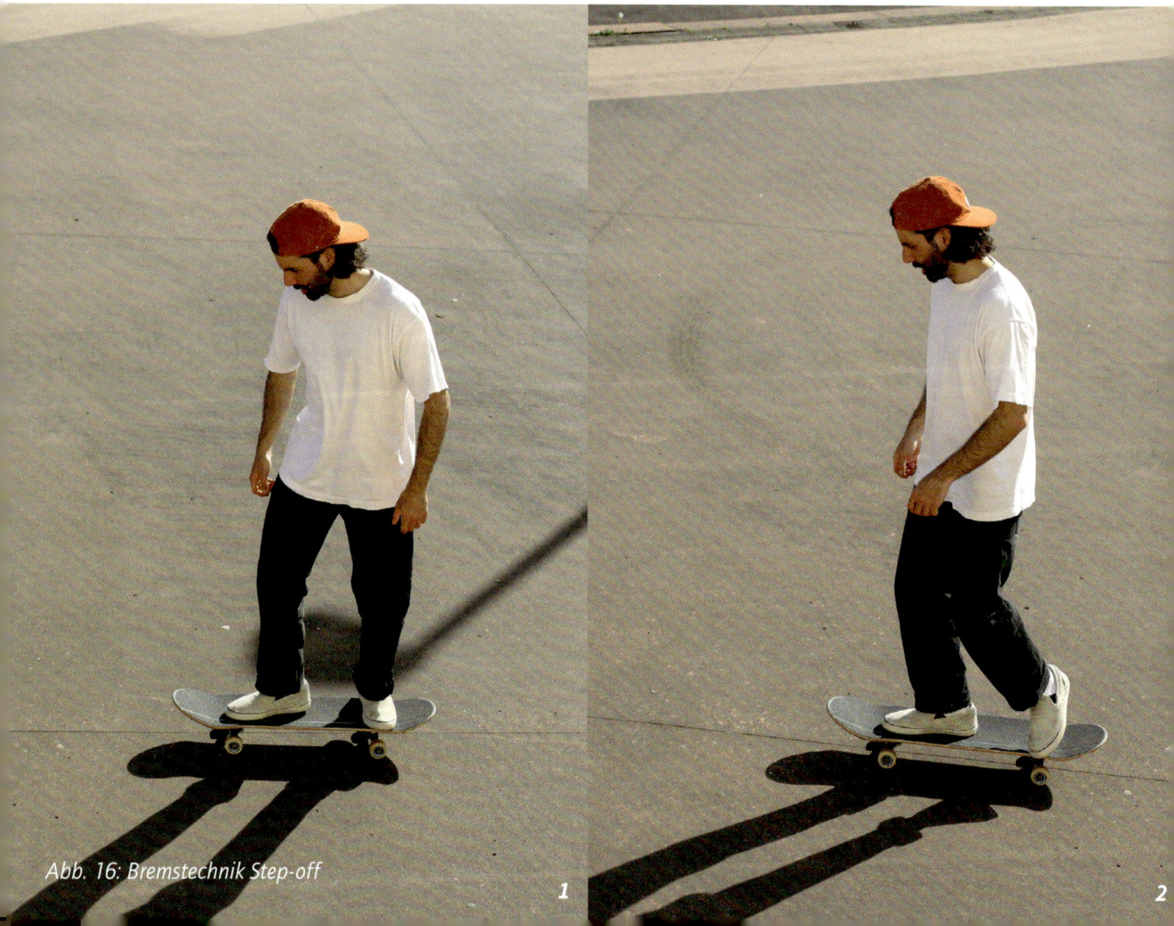

Abb. 16: Bremstechnik Step-off

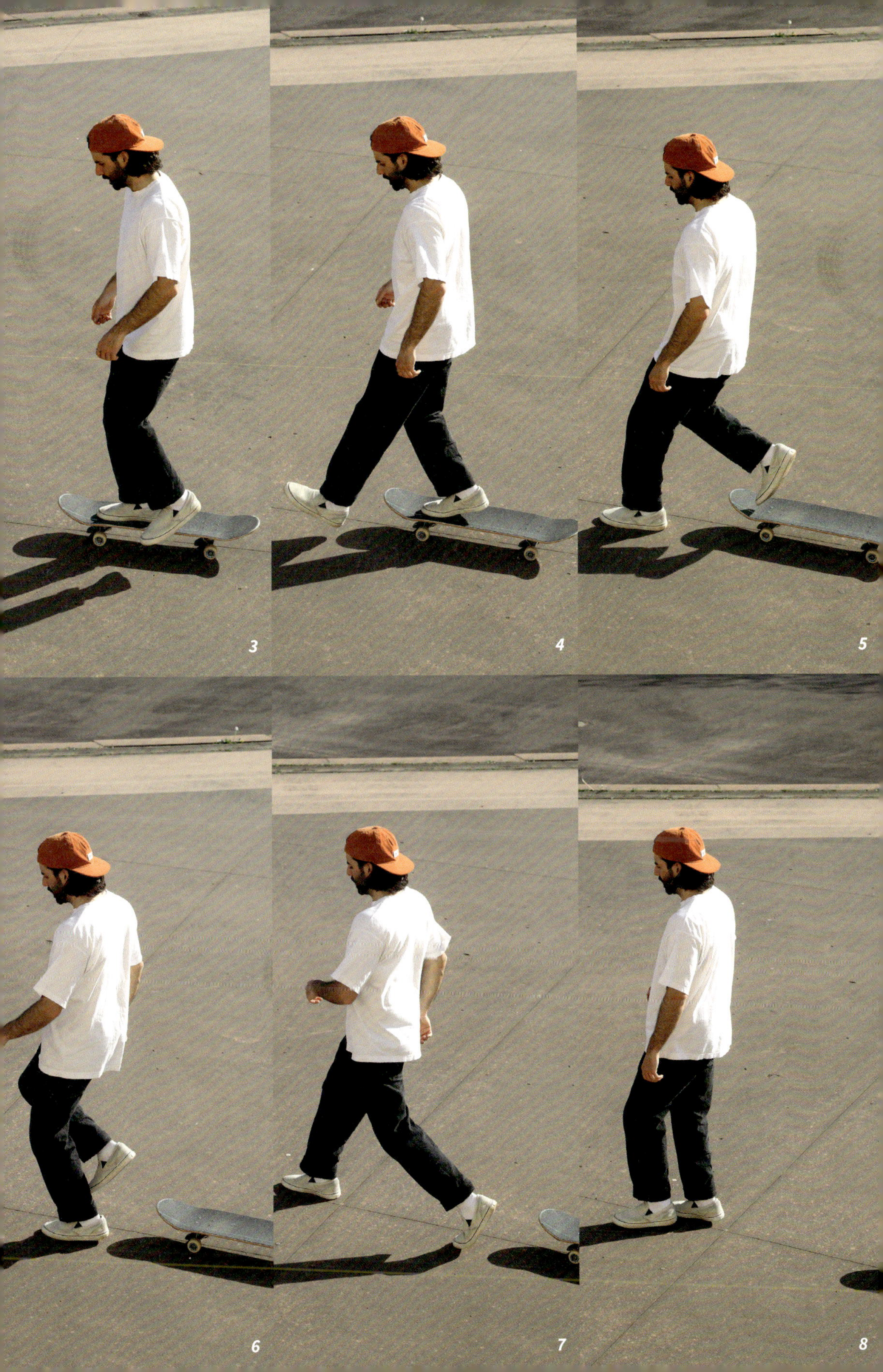
3
4
5
6
7
8

3.3.2 BREMSEN DURCH ABSETZEN DES FUSSES

Die zweite Form des Bremsens mit dem Skateboard ist das *Absetzen des Fußes* (Abb. 17).

Im Gegensatz zum Step-off bleibt man hier auf dem Skateboard drauf. Bei dieser Art des Bremsens wird durch Reibung der Schuhsohle mit dem Boden die Geschwindigkeit verringert. Dabei wird die Ferse des hinteren Fußes auf dem Boden abgesetzt.

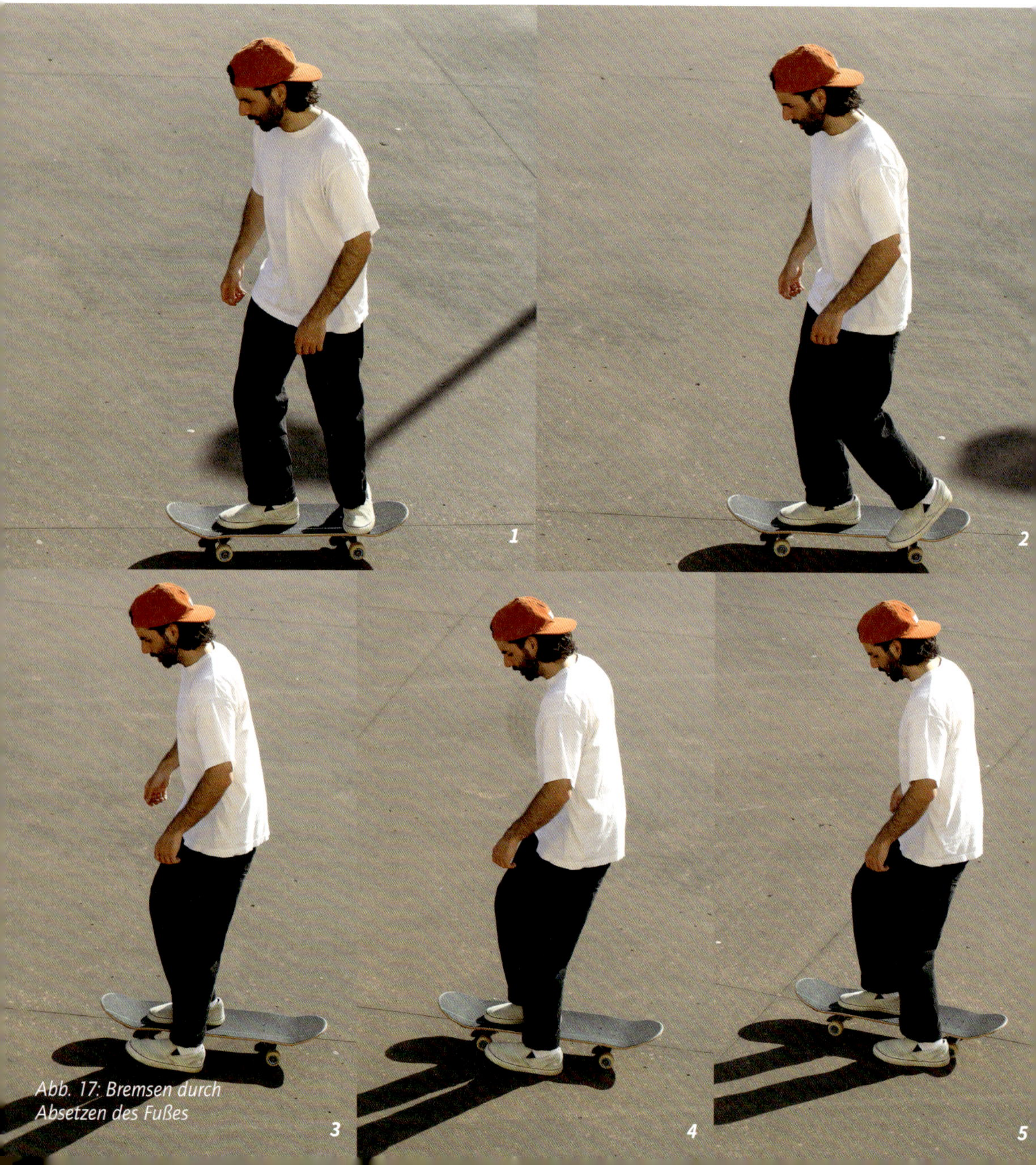

Abb. 17: Bremsen durch Absetzen des Fußes

So ähnlich, wie es mit Inlineskates und dem hinteren Bremsblock gemacht wird, nur mit dem Unterschied, dass der Schuh als Bremsblock genutzt wird. Diese Art des Bremsens erfordert etwas mehr Boardgefühl und Koordination als der Step-off. Dies lässt sich mit einer Vorübung etwas leichter lernen.

Als Vorübung dient das einbeinige Fahren auf dem Skateboard. Hierbei steht der vordere Fuß nach vorne zeigend und etwas mittiger als in der Grundposition auf dem Board (Abb. 18).

In dieser *One-Foot-Position*, in der man nur mit einem Bein auf dem Board steht, sollte das auf dem Board stehende Bein etwas angewinkelt werden. Um das Gleichgewicht besser halten zu können, kann der Oberkörper noch etwas nach vorne geneigt werden (Abb. 19). Nun wird langsam gepusht und man versucht, ein paar Sekunden rollend auf einem Bein zu balancieren. Die Übung sollte wiederholt werden, sofern man nicht länger als drei Sekunden ausrollen kann.

Sobald die Übung beherrscht wird, kann man sich noch einmal dem Bremsen widmen. Nun sollte die Koordination des hinteren Fußes und die Gewichtung beim Absetzen leichter fallen. Die Übung schult das Gefühl, wie sehr der Fuß bzw. die Ferse zum Bremsen abgesetzt werden soll, um ein gleichmäßiges und kontrolliertes Bremsen durchführen zu können.

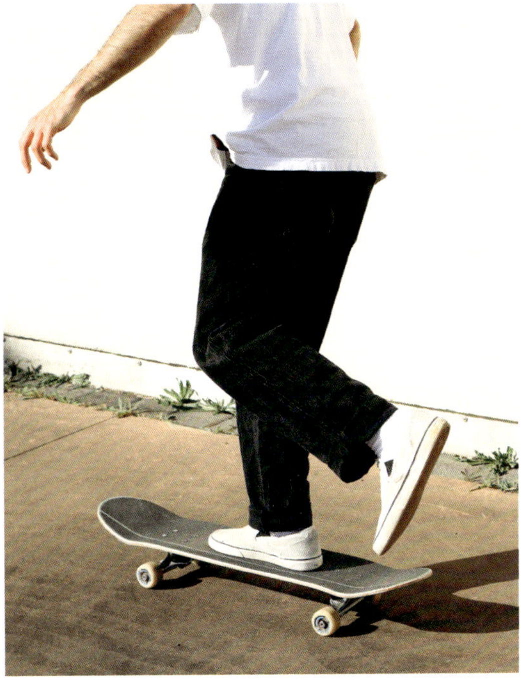

Abb. 18: One-Foot-Position

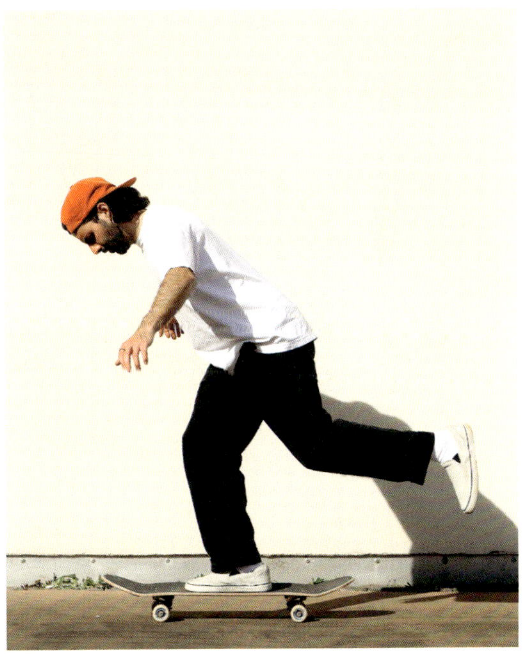

Abb. 19: One-Foot-Position mit nach vorne geneigtem Oberkörper

3.3.3 BREMSEN MIT DEM TAIL – TAIL SCRAP

Die nächste Art des Bremsens mit dem Skateboard ist der sogenannte *Tail Scrap*.

Diese Variante gehört mit zu den Techniken, die am häufigsten mit dem Bremsen auf dem Skateboard assoziiert werden. Dabei wird das Tail, durch Gewichtsverlagerung auf den hinteren Fuß, auf den Boden gedrückt und über den Boden geschleift (Abb. 20). Durch Reibung, die zwischen Board und Boden entsteht, nimmt die Geschwindigkeit ab und man kommt nach einiger Zeit zum Stehen.

Abb. 20: Bremstechnik Tail Scrap

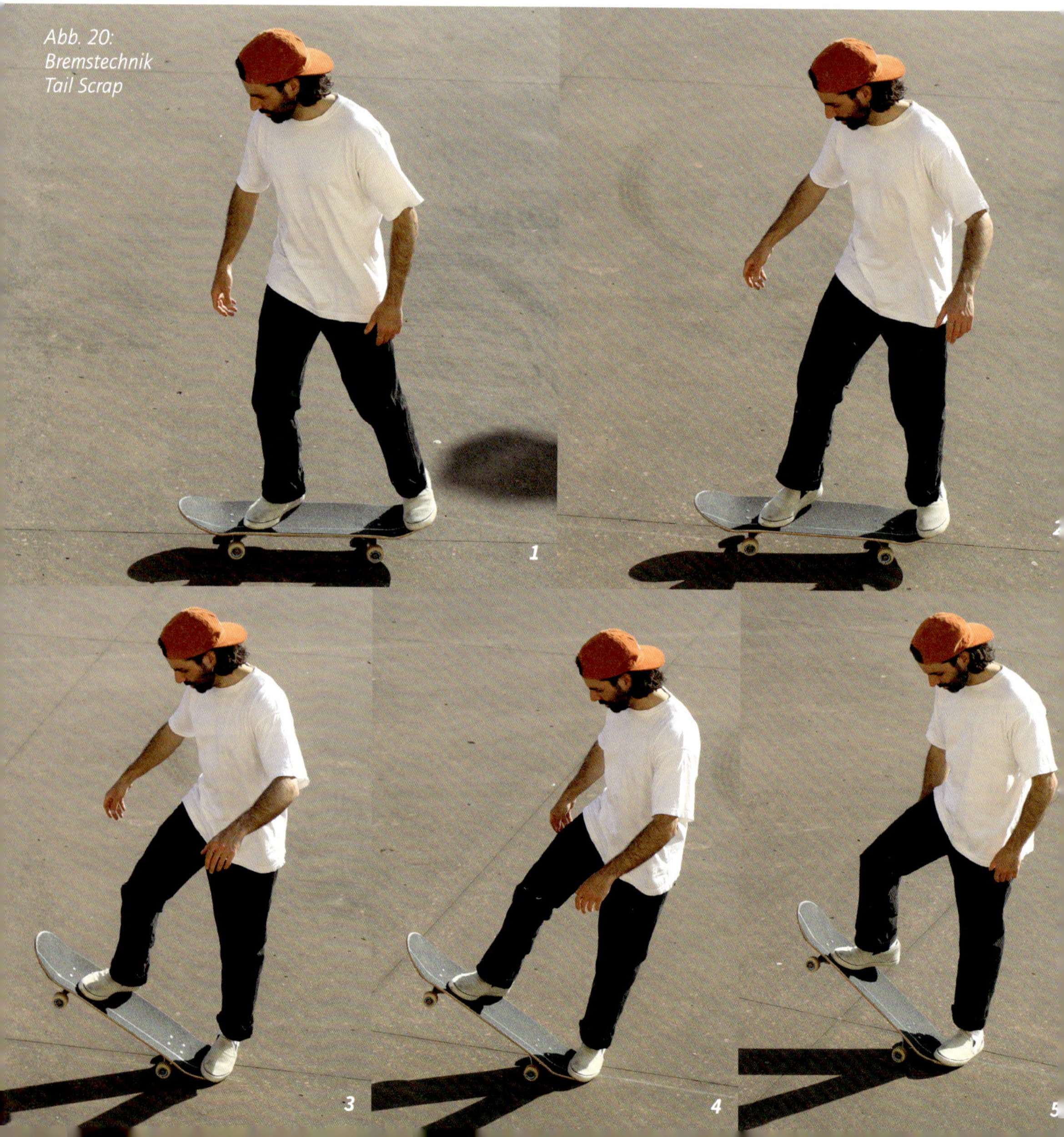

Diese Variante ist aus mehreren Gründen nicht zu empfehlen. Zum einen ist sie nicht schonend für das Skateboard. Durch die Reibung mit dem Boden nutzt das Brett schnell ab und nach einiger Zeit wird das Tail spitz/dünn und dadurch anfälliger für Brüche im Holz. Man kann beim Tail Scrap auch unterstützend den auf dem Tail stehenden Fuß etwas auf den Boden drücken, um das Brett nicht zu sehr abzunutzen. Doch dann wird der Materialverschleiß auf den Schuh übertragen.

Ein weiterer Grund, weshalb diese Bremstechnik nicht als erste Methode empfohlen werden sollte, ist die Gefahr, vom Board zu rutschen. Dadurch, dass das Körpergewicht während des Tail Scraps nur auf dem Tail lastet, ist es für den Anfänger schwierig, das Gleichgewicht in dieser Position (fahrend) zu kontrollieren.

3.3.4 POWERSLIDES

Eine weitere Technik des Bremsens mit dem Skateboard ist der sogenannte *Powerslide*.

Hierbei wird die Hinterseite vom Skateboard während der Fahrt durch einen Impuls vom hinteren Bein quer zur Fahrtrichtung (90 Grad) gestellt.

Ähnlich wie beim Tail Scrap wird von Anfängern meist diese Methode mit dem Bremsen assoziiert. Ein Powerslide ist jedoch etwas für Fortgeschrittene und sollte daher erst nach den ersten gestandenen Tricks geübt werden. Neben viel Boardkontrolle erfordert ein Powerslide auch eine höhere Geschwindigkeit, um ihn richtig ausführen zu können.

Bei dieser Art des Bremsens wird das Board in die Horizontale nach vorne geschoben, um in Querstellung mit den Rollen über den Boden zu rutschen (Abb. 21). Dies gelingt, indem der hintere Fuß mit einem Impuls aus der Hüfte das Tail über den Boden nach vorne schiebt.

Dies kann sowohl über die Körpervorderseite, also *Frontside* (kurz Fs), oder über die Körperrückseite, also *Backside* (kurz Bs), erfolgen. Ein klassisches Quietschgeräusch entsteht dann durch den Widerstand zwischen Boden und den Rollen. Jetzt können die Rollen nicht mehr rotieren, sondern rutschen in Fahrtrichtung über den Boden. Wichtig für das Gelingen des Slides ist es, das Gewicht vom vorderen Fuß etwas zu lösen, um weniger Widerstand für das Nach-vorne-Schieben des Tails zu generieren.

Powerslides werden meistens über die Vorderseite (Frontside) gemacht. Um das Board einfacher nach vorne drücken zu können, sollte das Gewicht des hinteren Fußes beim Frontside Powerslide mehr auf der Ferse lasten.

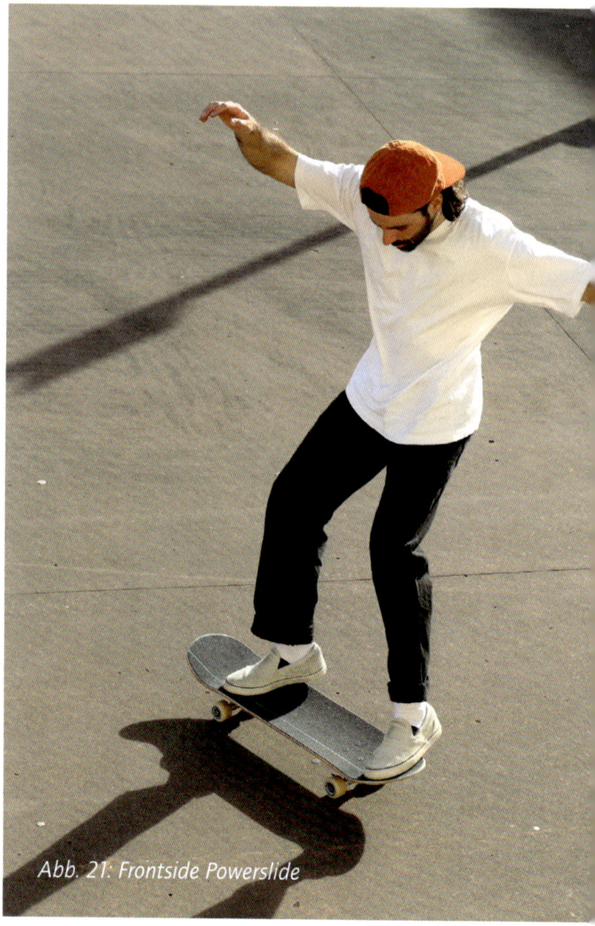

Abb. 21: Frontside Powerslide

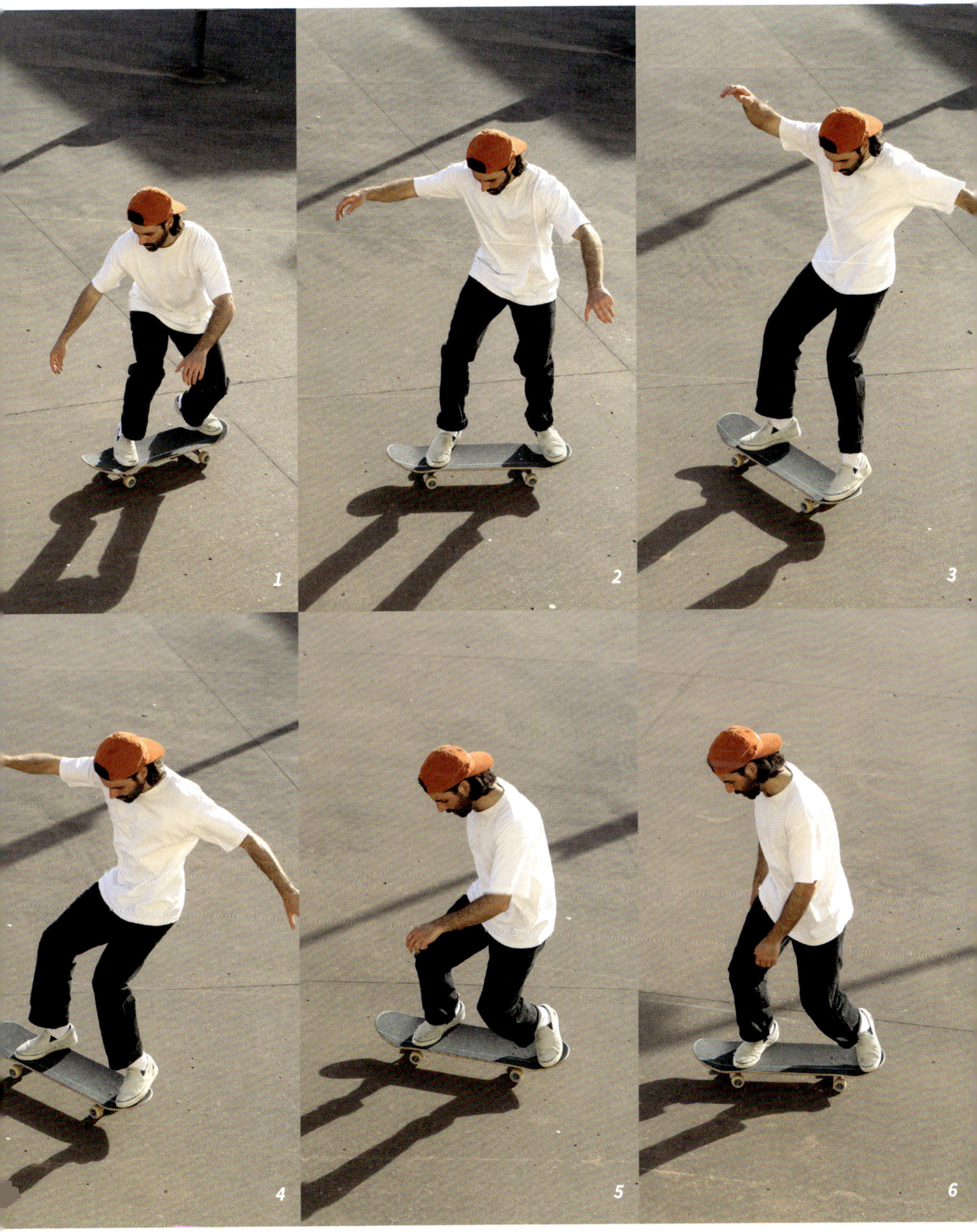
1
2
3
4
5
6

Noch schwieriger wird die Ausführung bei der Backsidevariante des Powerslides. Hier zeigt die Körperrückseite in Fahrtrichtung (Abb. 22). Die Technik ist im Grunde die Gleiche, mit Ausnahme, dass der hintere Fuß dieses Mal mit Gewichtung auf den Fußspitzen das Board (über die Körperrückseite) nach vorne schiebt.

Abb. 22: Backside Powerslide

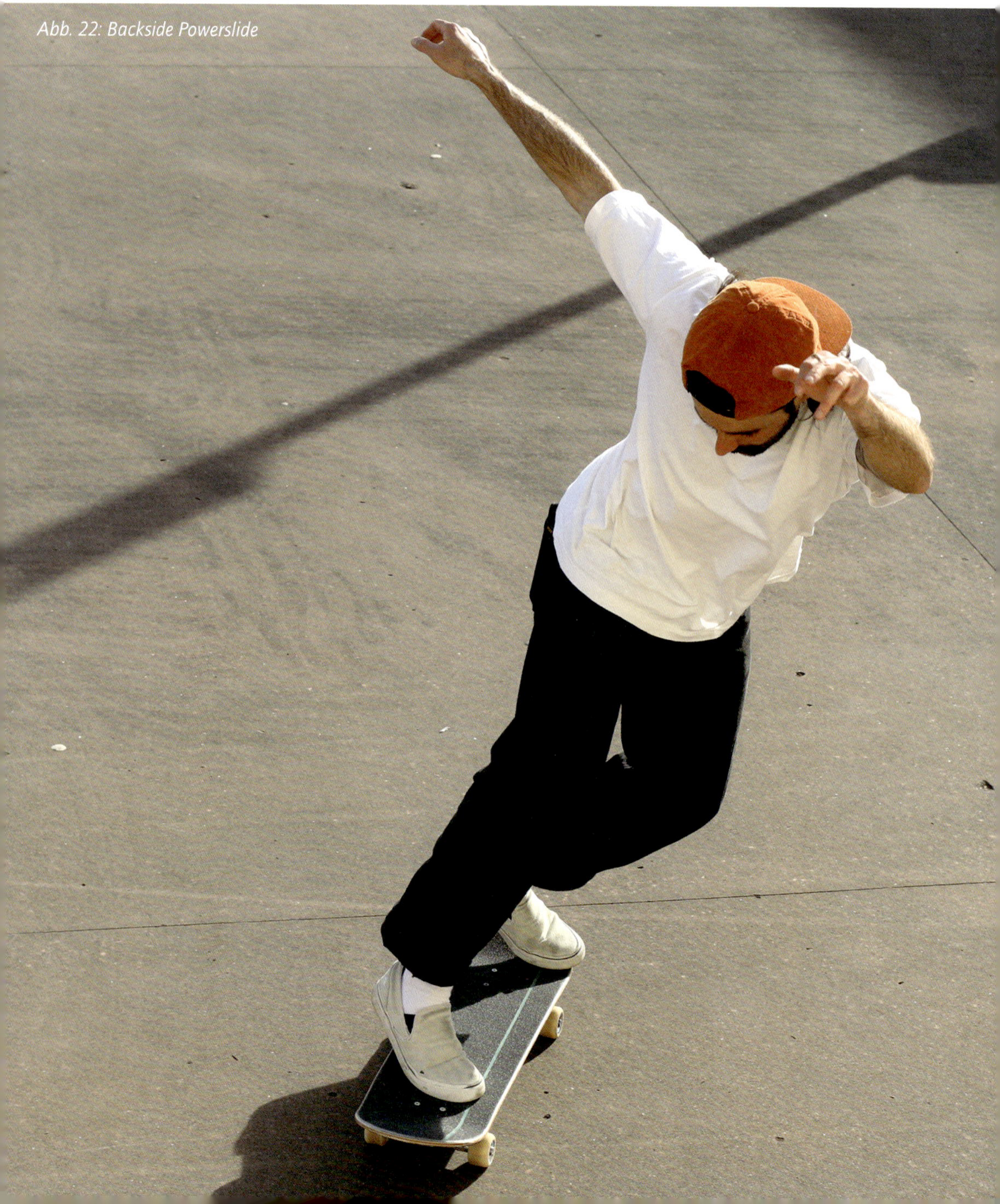

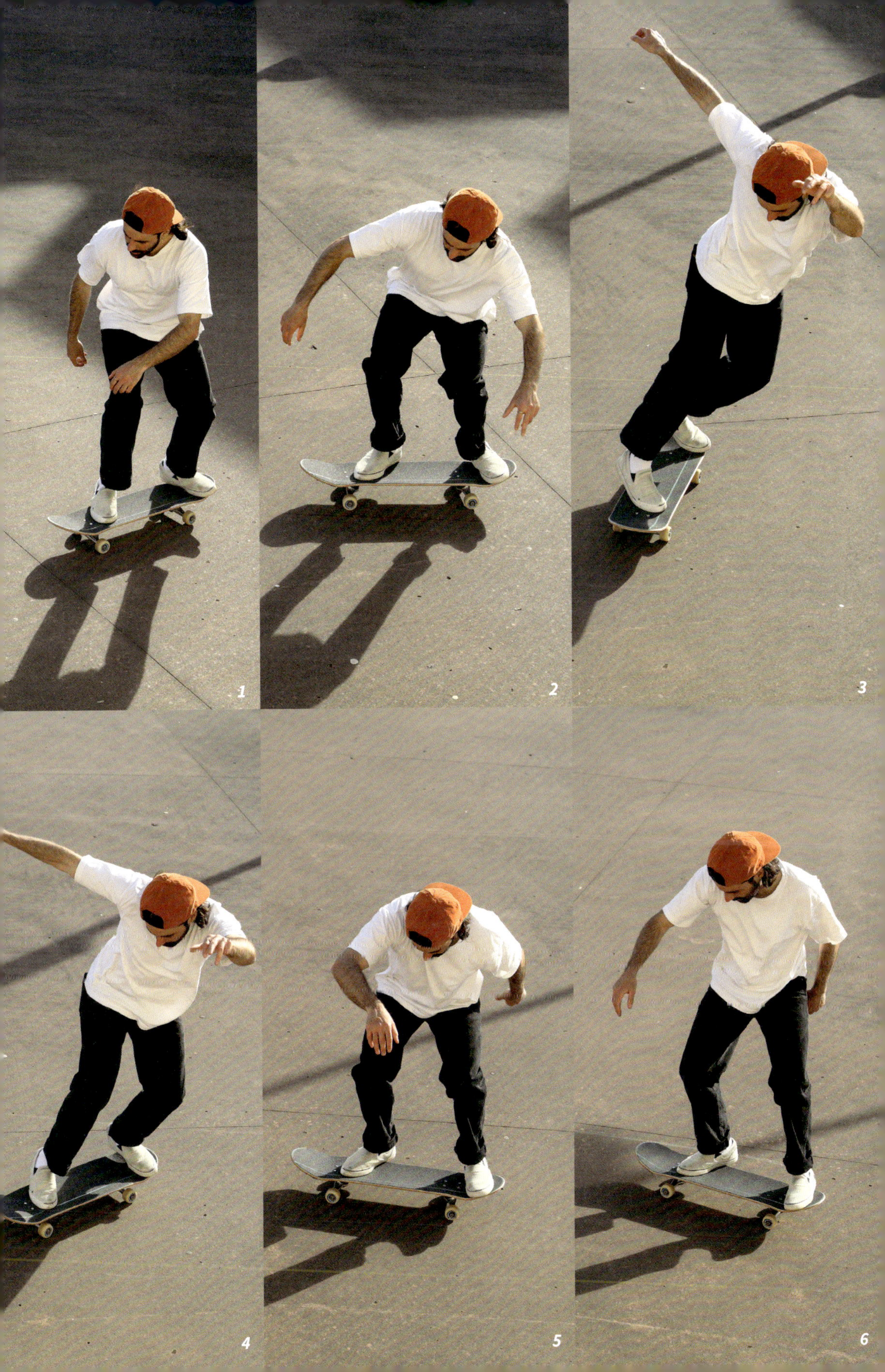
1
2
3
4
5
6

3.4 LENKEN DURCH GEWICHTSVERLAGERUNG

Das Lenken auf dem Skateboard funktioniert durch Gewichtsverlagerung. Dabei wird das Gewicht, entweder durch das Nach-vorne-Schieben der Knie, auf die Fußspitzen verlagert, oder durch das Nach-hinten-Lehnen, auf die Fersen (Abb. 23).

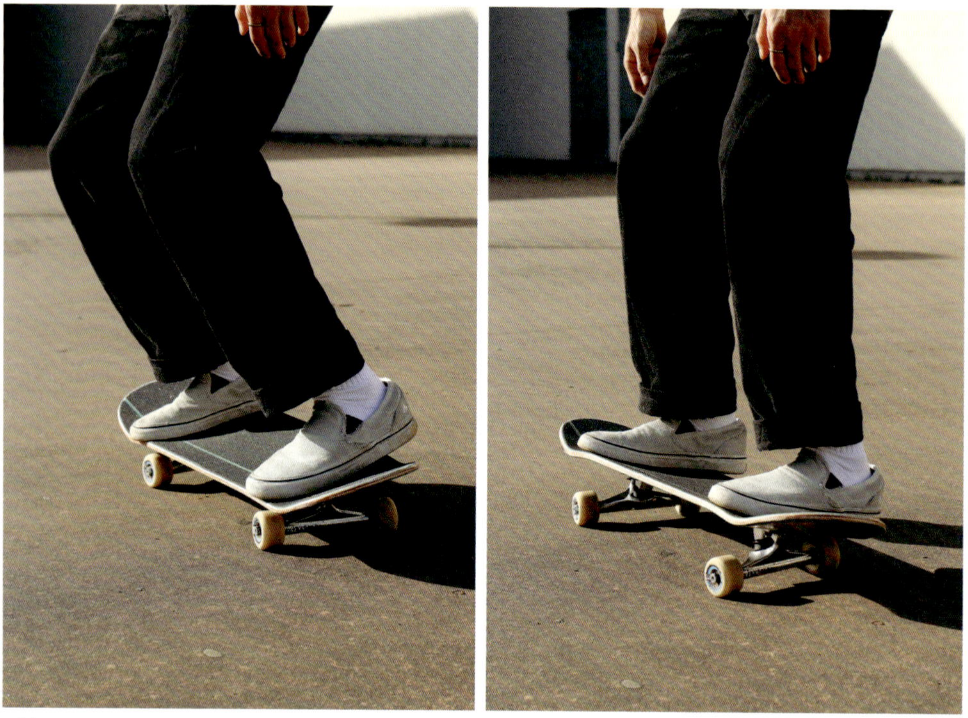

Abb. 23: Gewichtsverlagerung auf die Fußspitzen vs. Gewichtsverlagerung auf die Fersen

Bei dieser Art des Lenkens ist es enorm wichtig, die Position der Füße zu beachten. Hier sollte die Grundposition wieder eingenommen werden. Man steht also mit beiden Füßen auf den Schrauben und die Knie sind leicht angewinkelt. Dadurch, dass man in dieser Position mit dem ganzen Fuß über den Achsen steht, lässt sich am meisten Druck auf die gewünschte Seite ausüben und somit leichter lenken als in einer anderen Position auf dem Brett.

Eine Übung hierfür ist das Fahren von Viertelkreisen um einen Gegenstand. Zu beachten ist, dass die Geschwindigkeit anfangs langsamer sein sollte und die Kurven in beide Richtungen ausprobiert werden.

Darauf folgt das Fahren von Halbkreisen bei etwas schnellerer Fahrt und schließlich folgen komplette Kurven um einen Gegenstand (Abb. 24). Abschließend kann man mit Slalomfahren die Übungen für das Lenken abrunden.

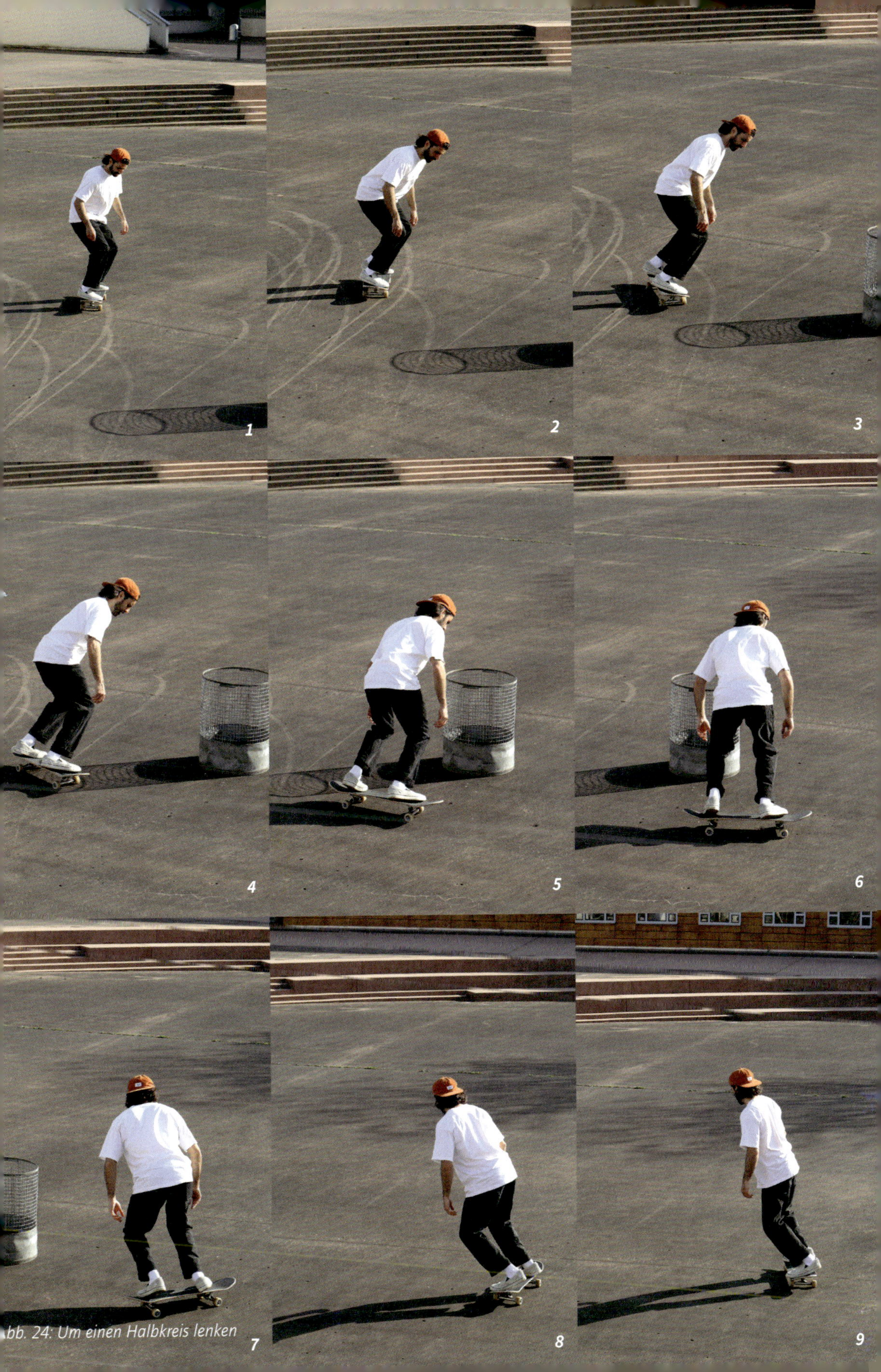

bb. 24: Um einen Halbkreis lenken

3.5 LENKEN MIT KICKTURNS

Für Kurven mit engem Radius reicht es oft nicht aus, nur mit der Technik der Gewichtsverlagerung zu arbeiten. Um steilere Kurven fahren zu können, nutzt man daher den *Kickturn*.

Er ist eine wesentliche Bewegung auf dem Skateboard und leitet die meisten Drehbewegungen auf dem Skateboard ein. Sowohl im Flat (auf dem Boden) als auch auf der Rampe, ist er eine gängige Technik für das Lenken. Auch hier gibt es wieder eine Frontside- und eine Backsideversion. Allerdings ist in diesem Fall der Backside Kickturn die gängige und einfachere Variante.

Bei der Technik des Kickturns verlagert man das Körpergewicht nach hinten auf das Tail, um das Board kurz vom Boden anzuheben und dreht dann das Board in die gewünschte Richtung (Abb. 25). Die Drehung wird dabei mit den Schultern eingeleitet und durch ein Schwingen des vorderen Beins in die gewünschte Richtung unterstützt.

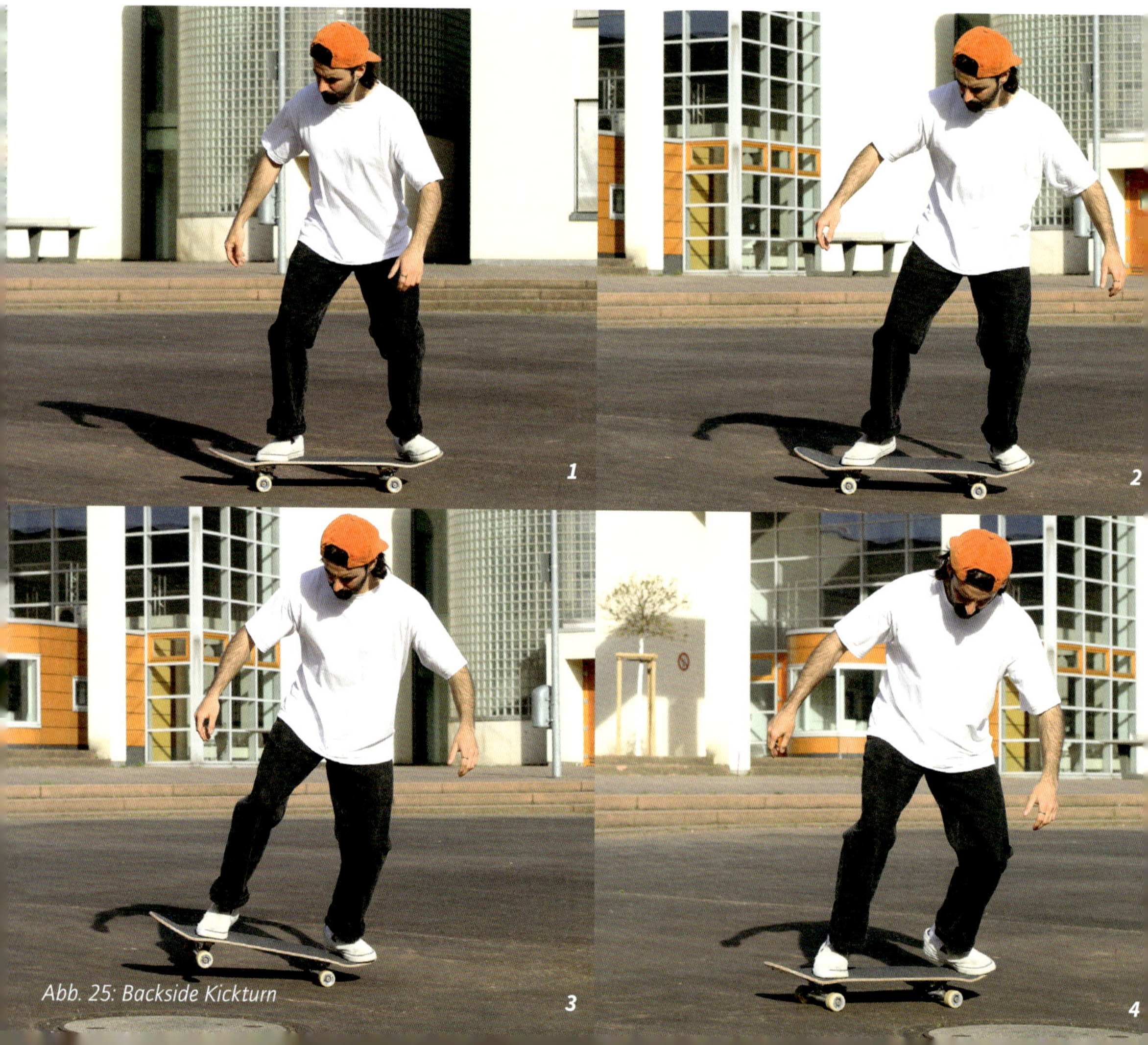

Abb. 25: Backside Kickturn

Eine methodische Reihe, um Kickturns erlernen zu können, kann folgendermaßen aufgebaut werden:

Erste Übung (im Stand): Stand auf der Hinterachse

Man steht in der Grundposition und platziert seinen hinteren Fuß auf das Tail. Nun wird das gesamte Körpergewicht auf den hinteren Fuß verlagert, womit das Tail auf den Boden gedrückt wird (Abb. 26). Wichtig ist hier, dass die Beine nicht durchgestreckt sind, sondern die Knie locker und leicht angewinkelt sind. Somit bewahrt man Flexibilität und läuft nicht Gefahr, durch eine plötzliche Bewegung zu stürzen.

Ein kontrollierter Stand auf dem Tail mit angehobener Vorderachse verleiht einem das Selbstbewusstsein, auf zwei Rollen stehen zu können. Diese Übung sollte daher so lange wiederholt werden, bis sie mehrmals hintereinander ausgeführt werden kann.

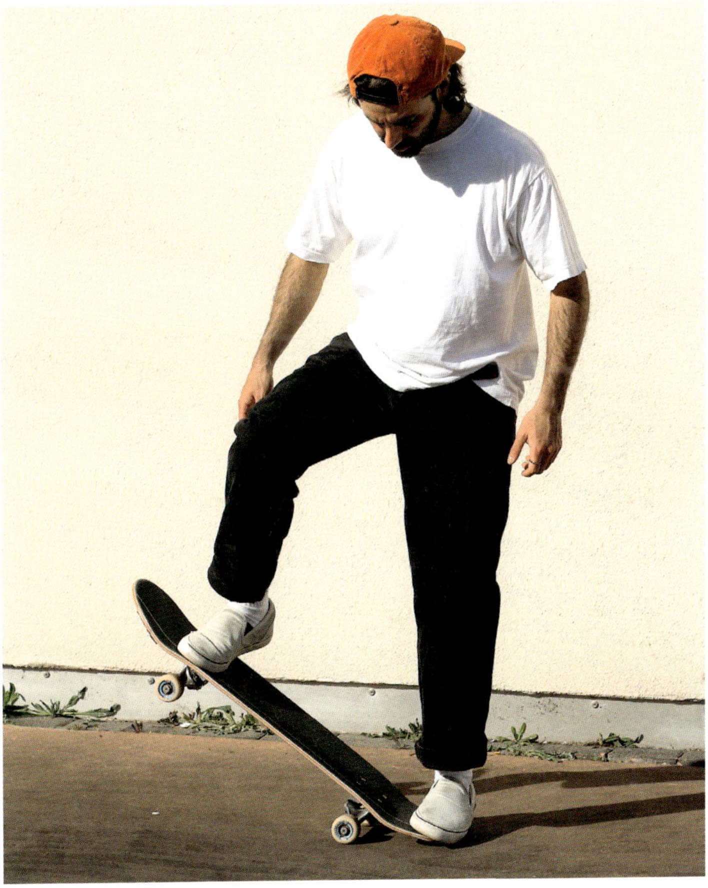

Abb. 26: Stand auf dem Tail

Zweite Übung (im Stand): Stand auf der Hinterachse mit kleiner Drehbewegung

Nach dem kontrollierten Stand auf dem Tail kann nun begonnen werden, eine Drehung einzuführen. Die Drehung sollte dabei zu Beginn in Richtung Vorderseite ausgeführt werden. Das heißt, wenn man als Goofy-Skater mit dem rechten Fuß vorne steht, dreht man zur linken Seite. Zu beachten ist, dass das Tail dieses Mal nicht bis auf den Boden gedrückt wird, sondern nur so weit, bis sich die vorderen Rollen leicht vom Boden lösen.

Der Fokus bei dieser Übung sollte also bei der Drehbewegung liegen und nicht beim Runterdrücken des Tails. Nun versucht man mit kleinen Drehbewegungen, einmal um die eigene Achse (360-Grad-Drehung) zu rotieren (Abb. 27).

Unabhängig von der Richtung des Kickturns ist es wichtig, wieder die Einleitung der Drehbewegung zu beachten. Dafür werden zunächst die Schultern in die Drehrichtung bewegt und anschließend zieht der untere Teil des Körpers nach. Um dabei nicht in Rückenlage zu geraten, sollte der Oberkörper stets über dem Board stehen.

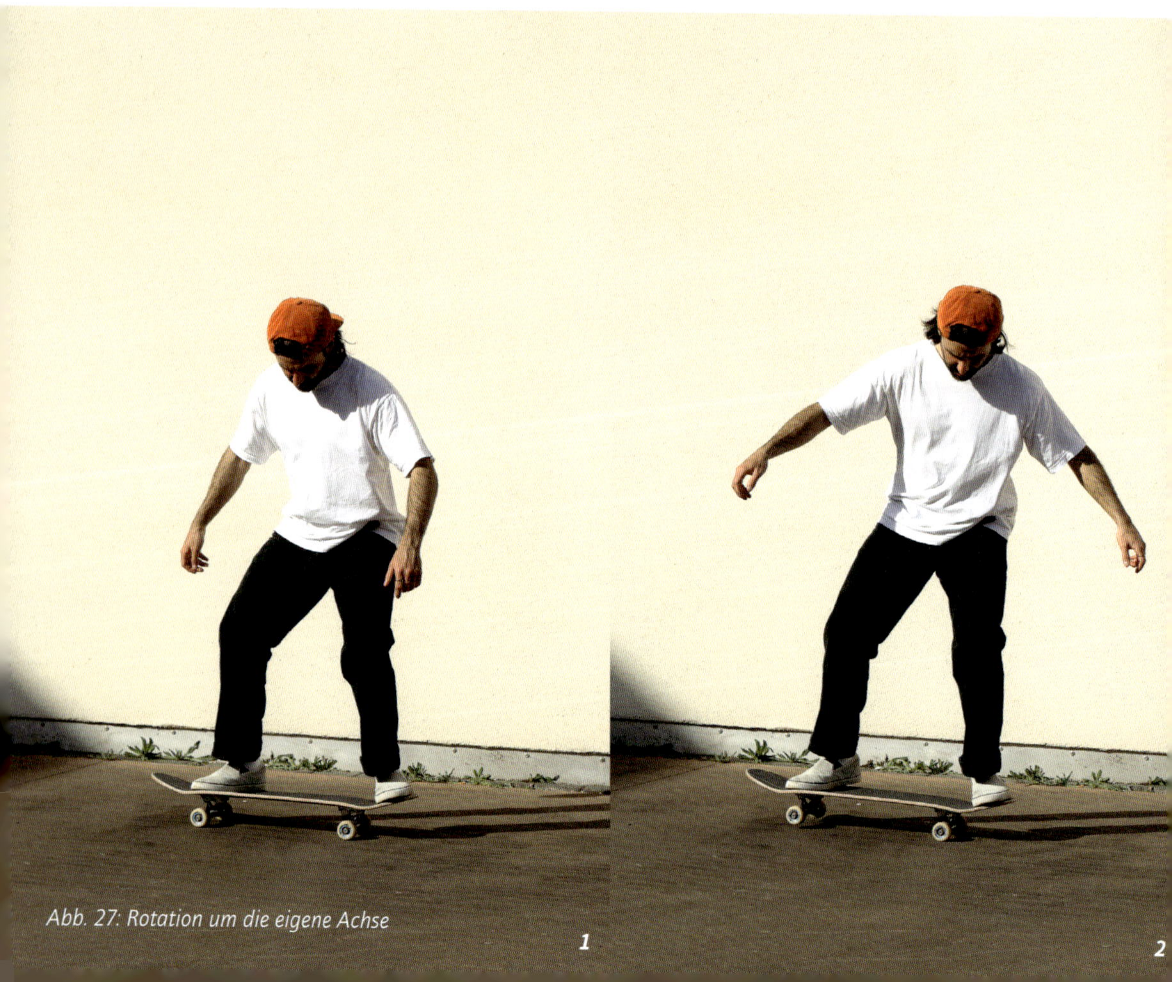

Abb. 27: Rotation um die eigene Achse

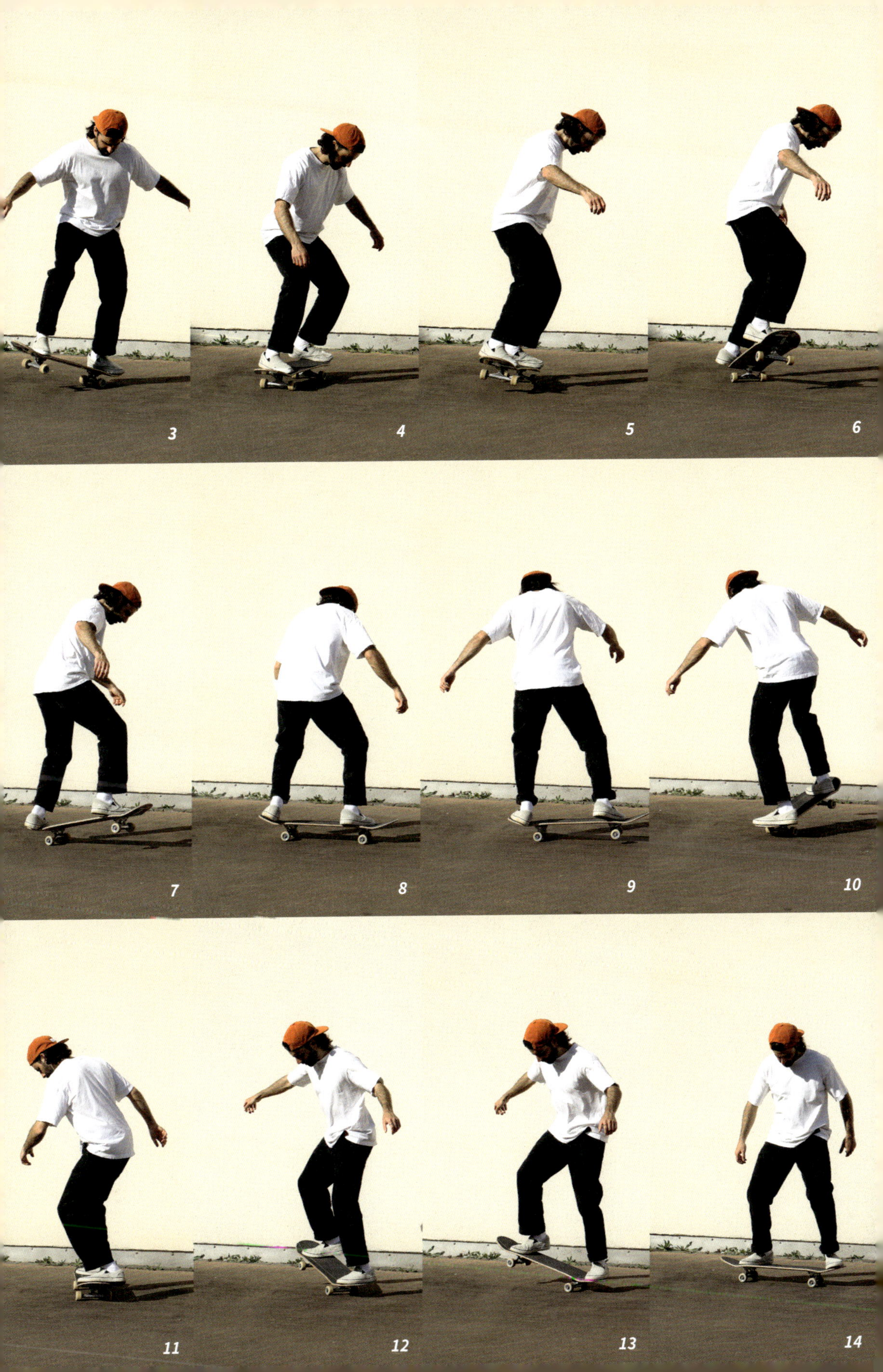
3
4
5
6
7
8
9
10
11
12
13
14

Typisches Fehlerbild: Falls es dazu kommen sollte, dass das Tail auf den Boden kommt, ist dies ein Zeichen dafür, dass zu viel Druck bzw. Gewicht auf das Tail ausgeübt wird (Abb. 28).

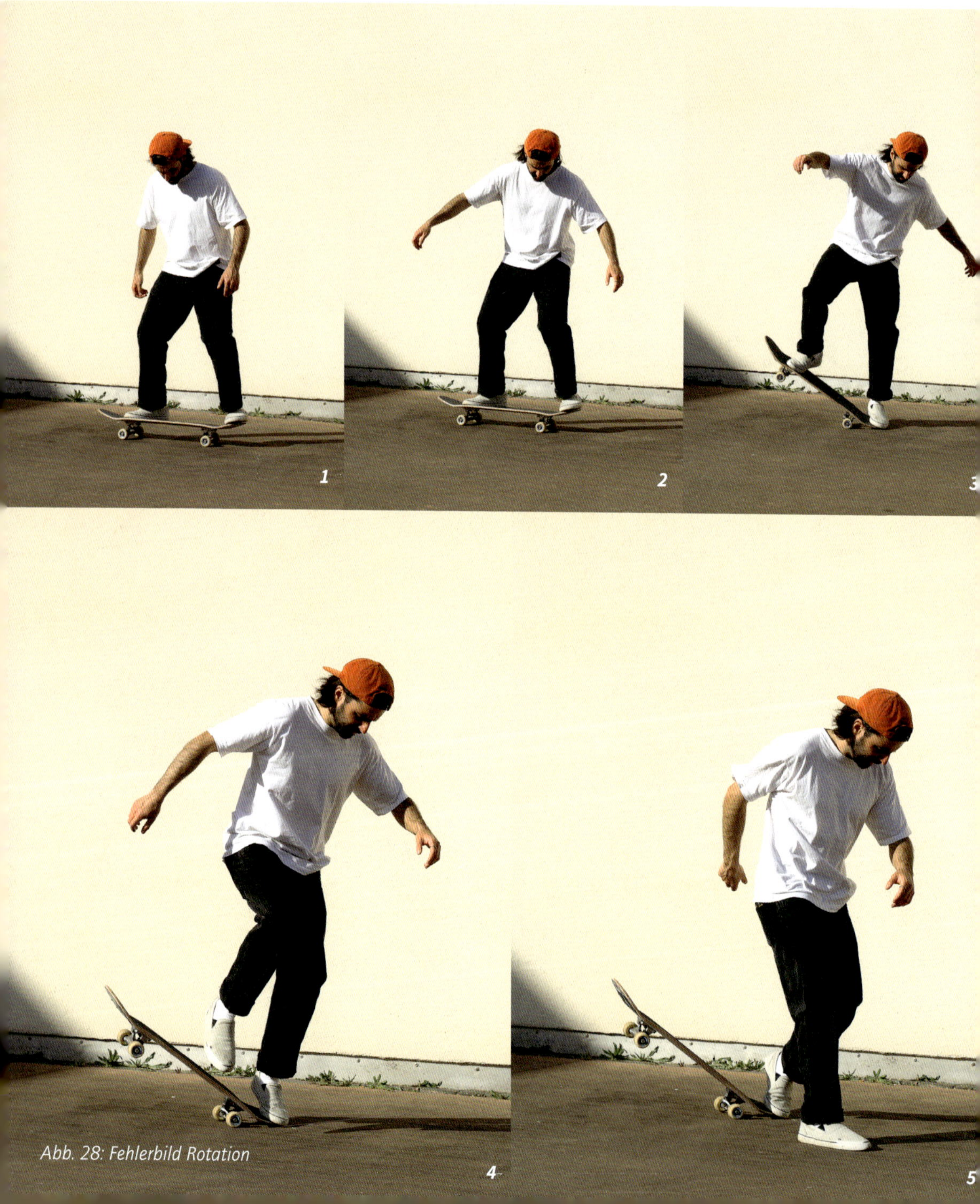

Abb. 28: Fehlerbild Rotation

Dritte Übung (im Stand): Stand auf der Hinterachse mit größerer Drehung

Nach mehrmals erfolgter Rotation um die eigene Achse mit kleinen Schritten können die Drehbewegungen nun vergrößert werden. Das nächste Ziel ist es, die Rotation um die eigene Achse in sechs Schritten zu absolvieren. Gelingt einem dies, können die Schritte zunächst auf fünf Schritte und anschließend auf vier Schritte pro Rotation um die eigene Achse reduziert werden. Somit dreht man zum Schluss mit jeder Bewegung eine Viertelumdrehung.

Vierte Übung (in der Fahrt): Drehung während der Fahrt

Sobald die Drehung im Stand beherrscht wird und die Drehung um die eigene Achse in weniger als sechs Schritten beherrscht wird, kann der Kickturn in der Fahrt beginnen (Abb. 29). Hierfür kann eine enge Kurve für die letzte Übung dienen. Zunächst sollte man mit gemäßigter Geschwindigkeit starten, um sich an die neue Bewegung in der Fahrt gewöhnen zu können.

Für die richtige Ausführung ist nun die Abfolge der Fußstellung zu beachten. Zunächst wird gepusht, dann geht man in die Grundposition und platziert den hinteren Fuß auf das Tail, um das Board nun anheben zu können. Jetzt kann die Drehbewegung in der Fahrt in Blickrichtung eingeleitet werden.

Für den Anfang sollte man kontrollierte kleine Schritte in langsamer Fahrt durchführen. Sobald man diese beherrscht, kann die Fahrgeschwindigkeit erhöht und die Schritte der Drehung allmählich vergrößert werden.

Typisches Fehlerbild: Durch das Fahren wird oft vergessen, den hinteren Fuß auf das Tail zu stellen, bevor die Drehbewegung eingeleitet wird. Der Fokus sollte dann noch einmal auf die richtige Reihenfolge gebracht werden: Pushen, Grundposition, Fuß auf das Tail und dann der Kickturn.

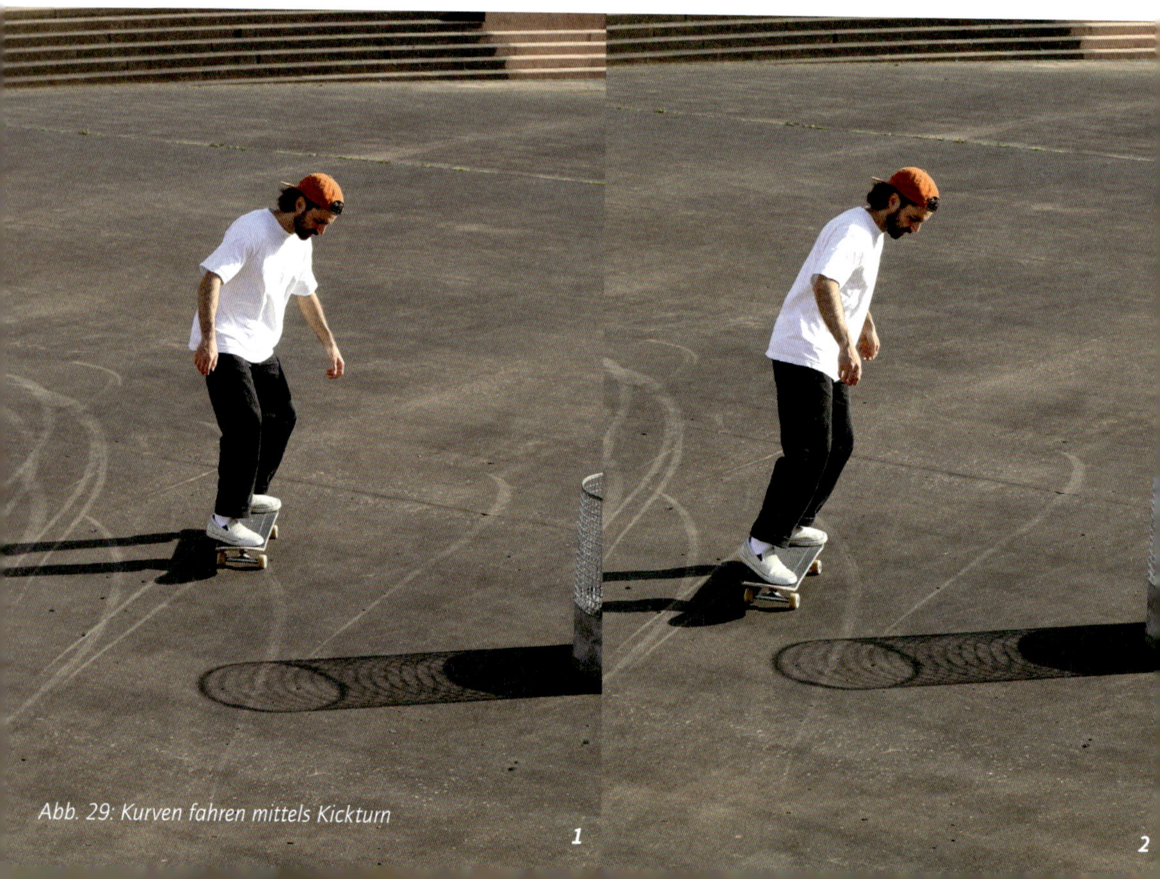

Abb. 29: Kurven fahren mittels Kickturn

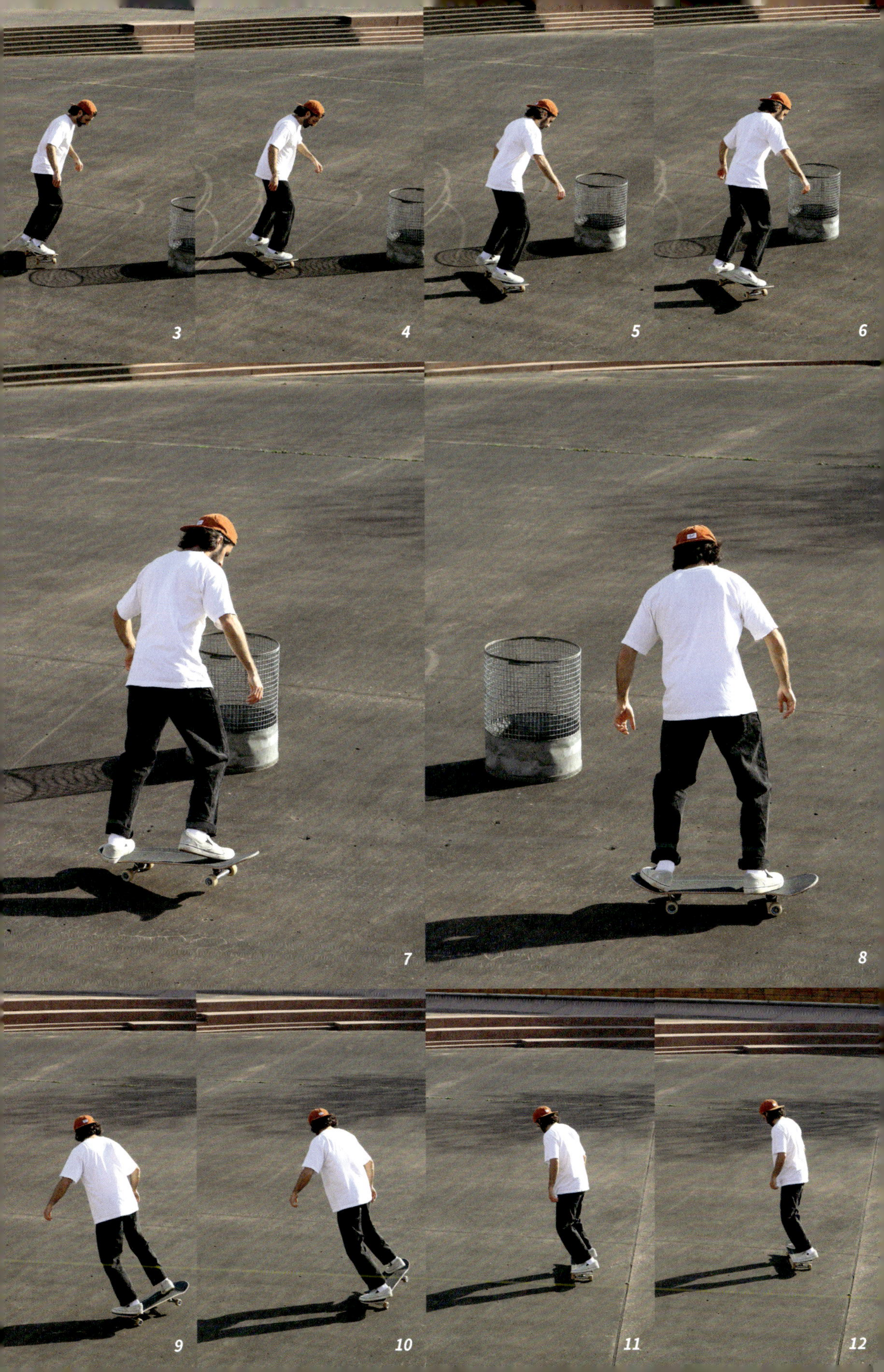
3
4
5
6
7
8
9
10
11
12

4 ORIENTIERUNG IM SKATEPARK

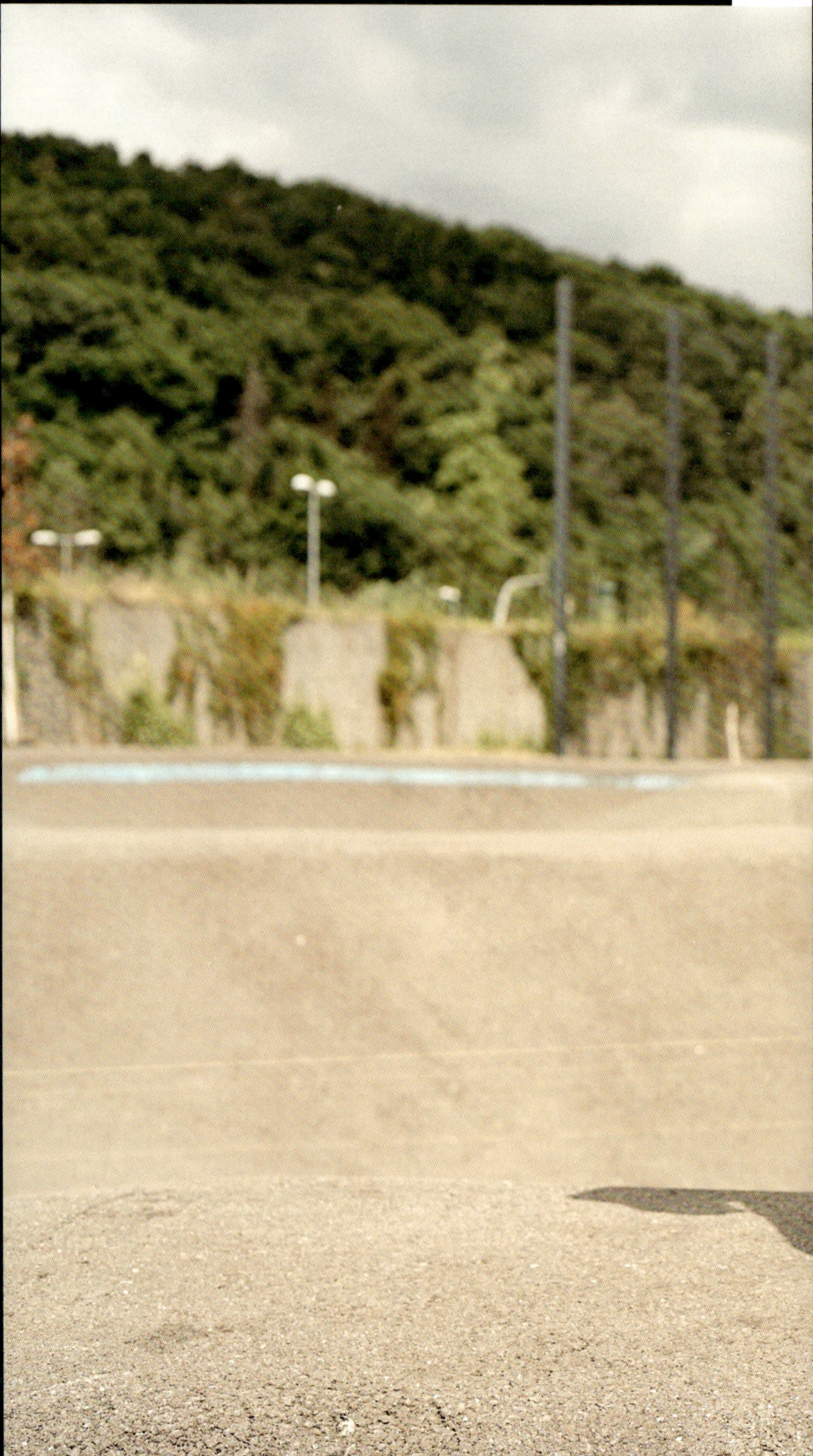

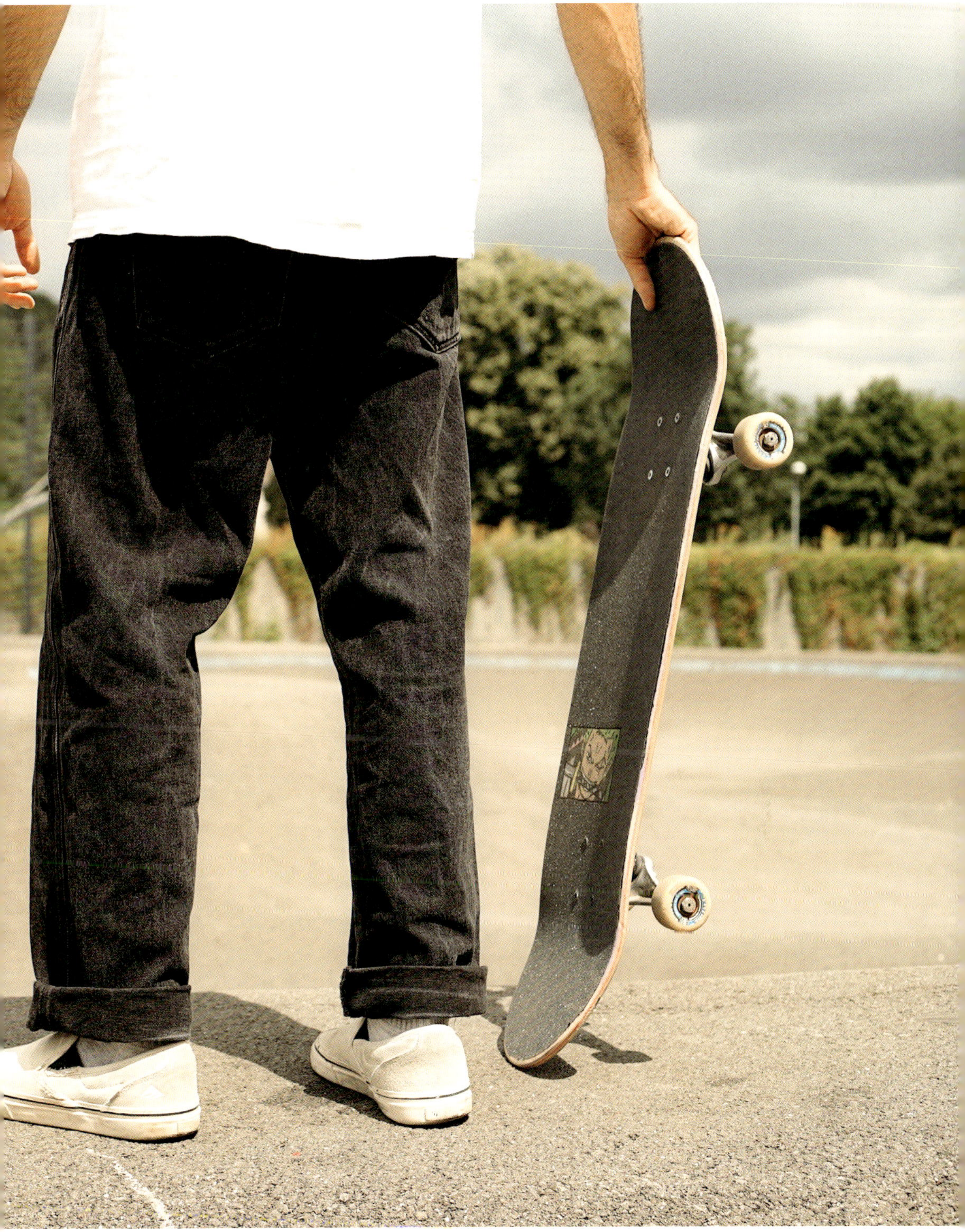

Skateparks sind Anlagen, die extra zum Skateboarden gebaut sind und optimale Bedingungen bieten, um Tricks üben zu können und Spaß auf dem Brett zu haben. Diese Bedingungen zeichnen sich zum Beispiel durch einen glatten Untergrund und eine Vielfalt an Hindernissen für Anfänger und fortgeschrittene Skater aus.

Der erste Besuch im Skatepark bringt viele neue Eindrücke mit sich und kann daher etwas überfordernd sein. Skater rasen in verschiedene Richtungen, springen über alle möglichen Rampen und man möchte am liebsten erst mal unbemerkt die Lage erfassen.

Man setzt sich dazu auf einen Block im Skatepark und beobachtet zunächst das muntere Treiben. Doch ungewollt sitzt man dabei genau auf einem beliebten Hindernis der Skater, welches man vermeintlich für eine Sitzgelegenheit gehalten hat.

» Wie verhält man sich in einem Skatepark?

» Und was zählt alles zu den Skateboardhindernissen?

Dazu werden in diesem Kapitel verschiedene Hindernisse (auch *Obstacles* genannt) erklärt, die in den meisten Skateparks zu finden sind.

Im Kontrast zum Parkskaten steht das „Streetskaten", welches das Skaten im öffentlichen Raum meint. Dort können alle Elemente als Obstacles fungieren. Hierzu werden nachfolgend einige dieser Obstacles erläutert, die man häufig im städtischen Raum wiederfindet.

4.1 WELCHE OBSTACLES GIBT ES?

Dieser Abschnitt gibt einen Überblick über die wichtigsten *Obstacles*. Die Bezeichnungen dafür sind genau wie bei den Tricks alle aus dem Englischen übernommen worden.

FLAT

Das wichtigste Element aller Obstacles ist wohl der Boden, auch *Flatground* oder kurz *Flat* genannt. Ein guter Belag des Bodens zeichnet sich durch eine glatte und ebene Beschaffenheit aus, wie es beispielsweise bei Marmor, Granit oder auch bei einem gleichmäßig asphaltierten Boden der Fall ist. Hier kann das Skateboard geschmeidig über den Boden gleiten.

Im Skatepark ist meistens eine schöne glatte und große ebene Fläche zu finden. Im Streetbereich kann es schon mal hügeliger oder rau sein.

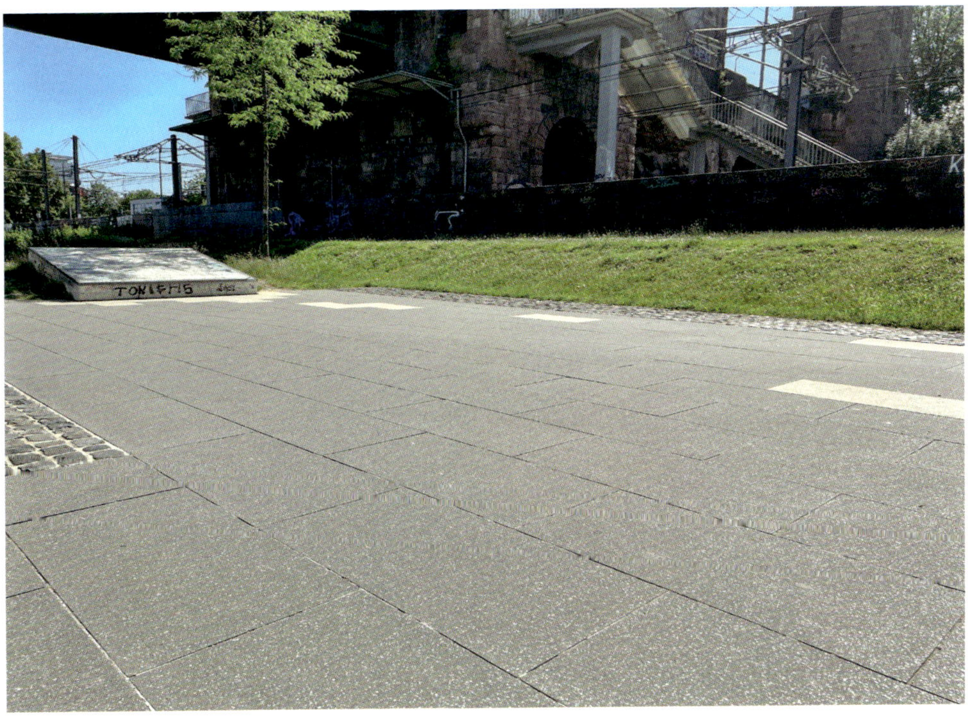

Abb. 30: Flat

CURB

Das Wort *Curb* bedeutet Bordsteinkante und wurde in der Skateboardwelt etwas generalisiert. Denn nicht nur eine Bordsteinkante wird als Curb bezeichnet, sondern alle rechteckigen Kanten, über die man mit dem Board drüber rutschen kann.

Rutscht man mit dem Brett über eine Kante oder eine Stange, nennt man das *Sliden*. Rutscht man hingegen mit den Achsen über das Obstacle, spricht man vom *Grinden*.

Ein typisches Curb im Skatepark ist ein rechteckiger Kasten mit einer Eisenkante. Meistens bestehen die Curbs aus Holz, Beton, Metall oder auch mal aus Marmor. Je nach Material des Curbs rutscht es sich besser oder leichter auf den Kanten. Um die Rutscheigenschaft zu verbessern, wird *Skatewax* (ähnlich wie herkömmliches Kerzenwachs) auf die Kanten geschmiert.

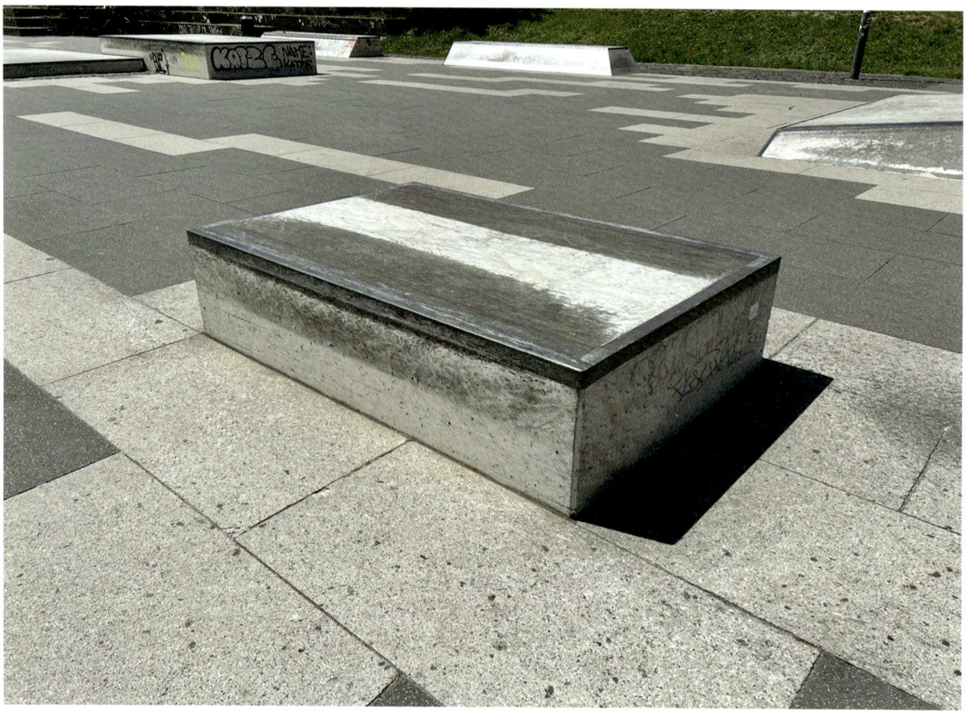

Abb. 31a: Curb

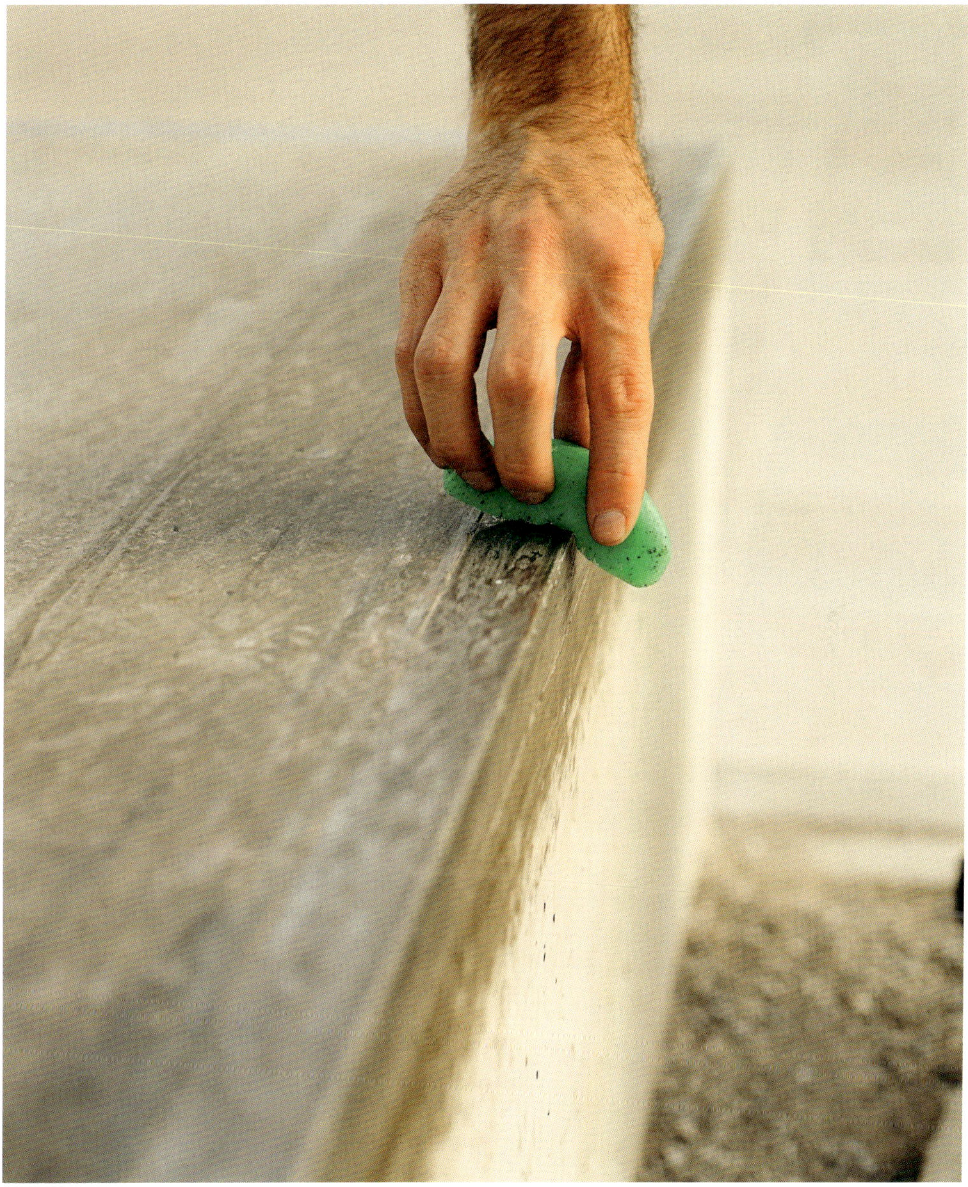

Abb. 31b: Ein Streetcurb wird mit Skatewax rutschbar gemacht.

SLAPPY CURB

Ein *Slappy Curb* ist ein rutschbarer Randstein bzw. eine Bordsteinkante. Der Unterschied zum gängigen Curb zeichnet sich durch eine geringere Höhe aus, die es erlaubt, Grinds und Slides ohne einen Ollie durchzuführen.

Das typische Slappy Curb ist farblich markiert und stammt von den amerikanischen Bordsteinen bzw. den Randsteinen, die als Parkplatzeingrenzung dienen. Diese sind meistens mit rotem oder gelbem Lack versehen, wodurch die Rutscheigenschaft begünstigt wird.

In den deutschen Skateparks erleben Slappy Curbs derzeit einen Boom. Sie bestehen meistens aus Beton oder Marmor.

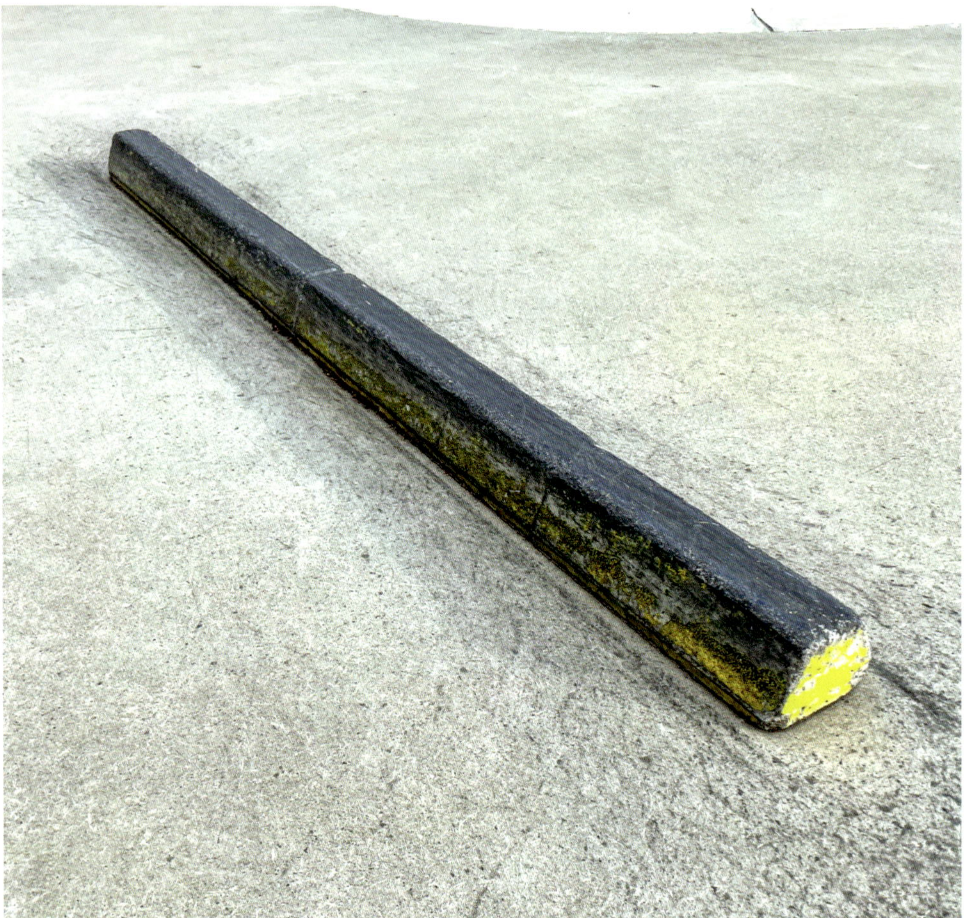

Abb. 32: Slappy Curb

LEDGE

Eine *Ledge* ist ein Curb, welches schräg nach unten oder nach oben verläuft. Auch hier wird dieses Hindernis für Grinds und Slides genutzt, oder aber man springt drüber. Meistens findet man Ledges an Treppenstufen, Geländern oder an einem Gefälle.

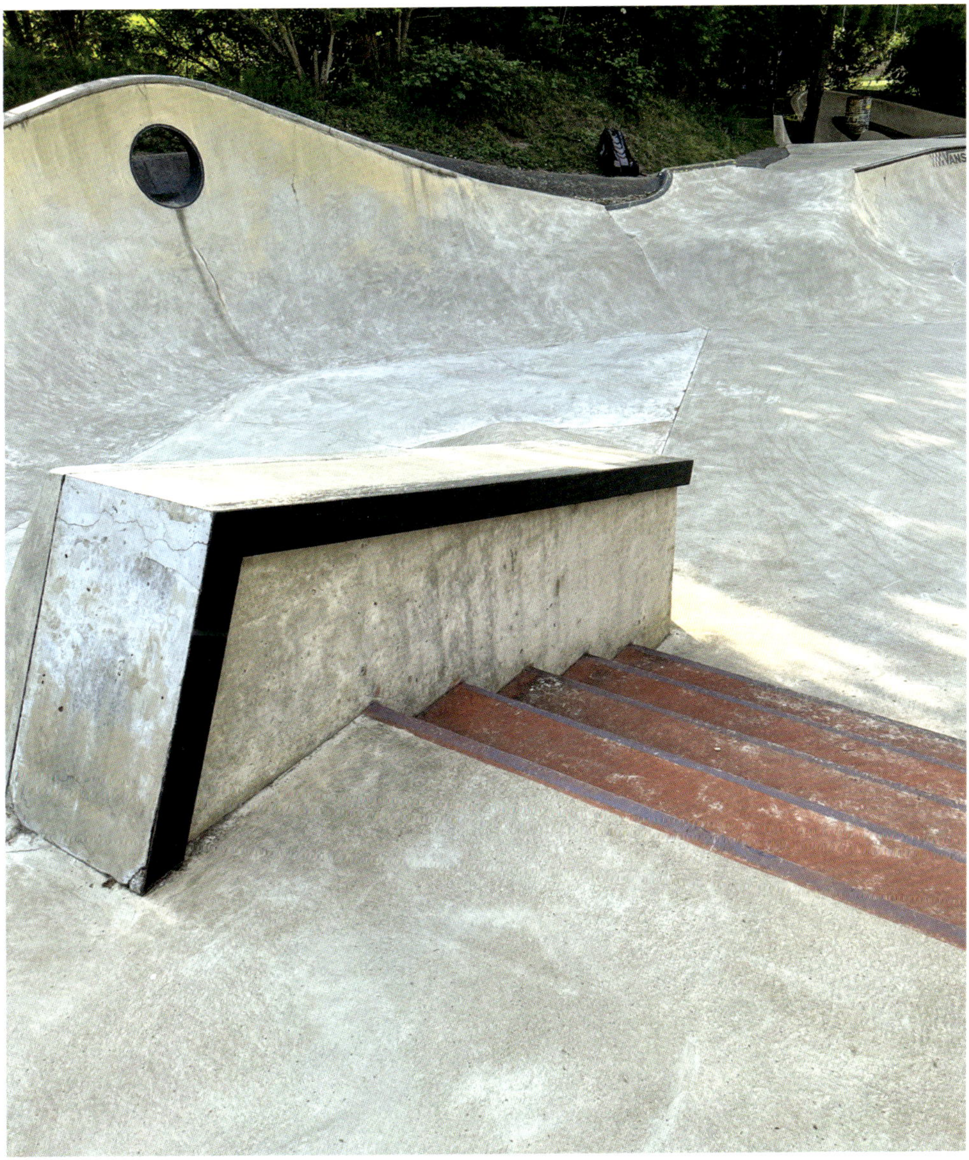

Abb. 33: Ledge

RAILS

Bei *Rails* handelt es sich um Stangen, über die man grindet oder slidet. Die Stangen sind entweder rund oder eckig und kommen in verschiedenen Ausführungen vor, die sich in Höhe, Neigung und Länge unterscheiden. In Skateparks sind zwei gängige Versionen häufig vertreten: *Flatrails* und *Handrails*.

Das Flatrail (engl. flaches Rail) ist eine Stange, die parallel zum Boden verläuft und in der Regel 20-35 Zentimeter hoch ist. Das Handrail ist ein Handgeländer und verläuft mit einer Neigung an Treppen oder Rampen hinunter.

Handrails zu skaten, ist sehr anspruchsvoll und nur etwas für fortgeschrittene Skater. Selbst Profiskater haben Respekt vor Handrails. Sie erfordern nicht nur ein hohes Maß an Können und Kontrolle über die eigenen Tricks, sondern einiges an Mut und Vertrauen in die eigenen Fähigkeiten. Insbesondere deutsche Handgeländer sind hoch gebaut und schwieriger zu fahren als niedrigere Versionen, wie sie beispielsweise in Spanien oder Amerika zu finden sind.

Wer sich beim Handrailfahren also verschätzt, kann tief fallen oder muss sich gekonnt abfangen. Wer seine Tricks aber kontinuierlich übt und diese am Flatrail beherrscht, kann sich mit der Zeit an höhere Rails in Skateparks herantasten und sich schon mal auf die Suche nach einem kleinen Street Handrail machen. Handrailskaten ist die Königsdisziplin im Street-Skateboarding.

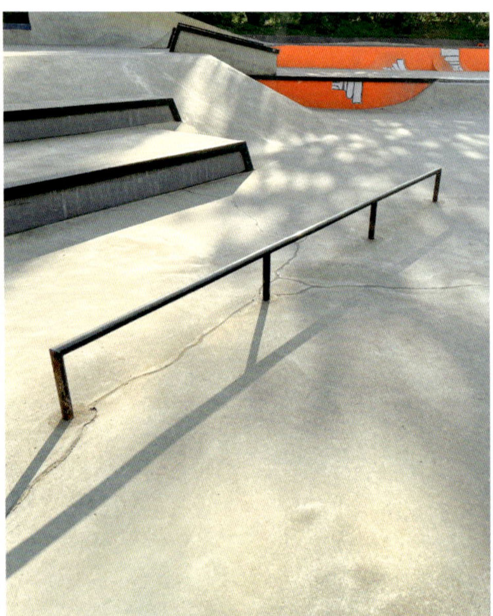

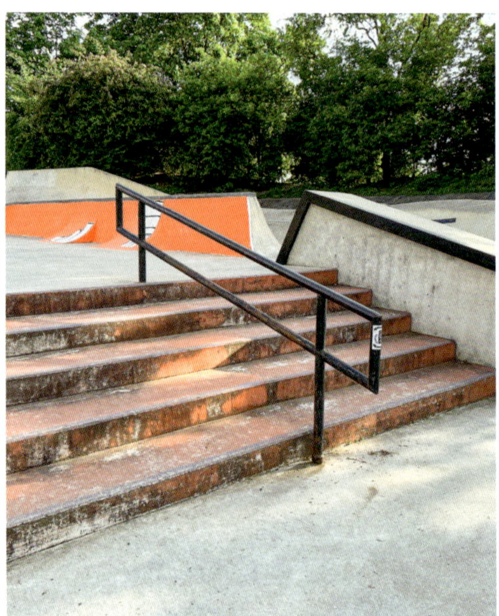

Abb. 34 und 35: Flatrail und Handrail

KICKER

Ein *Kicker* ist eine kleine Rampe, die als Sprungschanze dient. Diese besteht, wie die meisten anderen Rampen, aus Holz, Beton oder Metall. Hierauf lassen sich Tricks, die in der Luft gemacht werden, leichter ausführen als im Flat. Bei diesen Tricks spricht man von *Airs*.

Ein Kicker aus Holz lässt sich auch schnell selbst bauen und ist bei vielen das erste selbst gebaute Obstacles. Man spricht dann auch vom *Do-It-Yourself-Spot* (Abk. DIY).

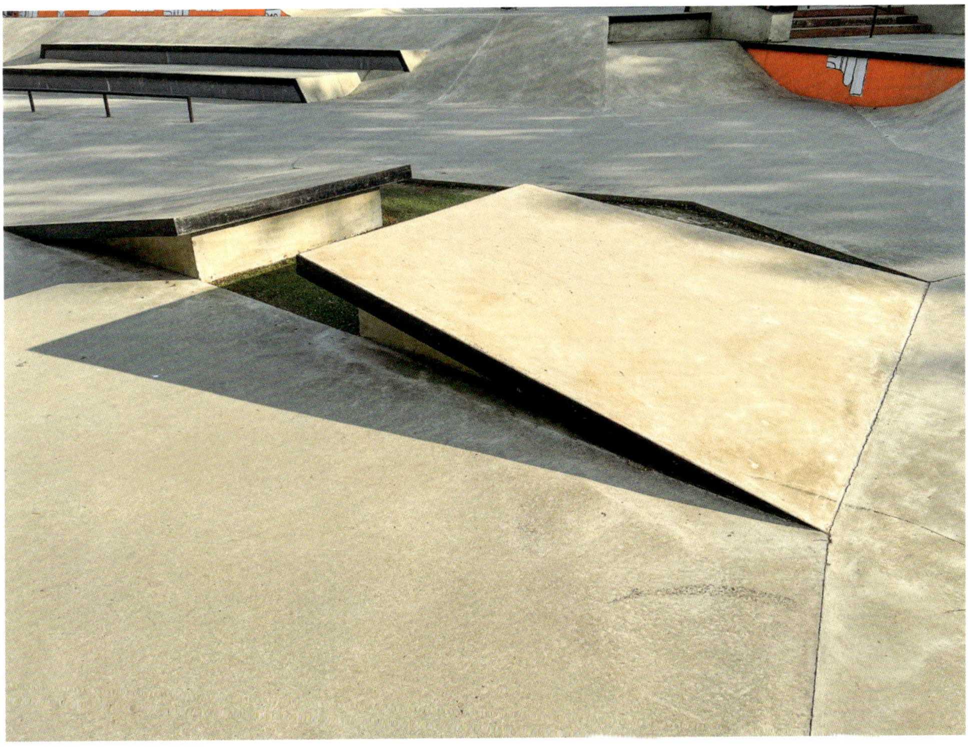

Abb. 36: Kicker to Kicker

BANK

Eine Bank wird häufig mit einer Sitzbank verwechselt, doch die englisch ausgesprochene *Bank* meint eine Schräge, an der man hoch- und runterfahren kann. Oft werden Tricks aus dem Flatbereich in Banks ausgeführt.

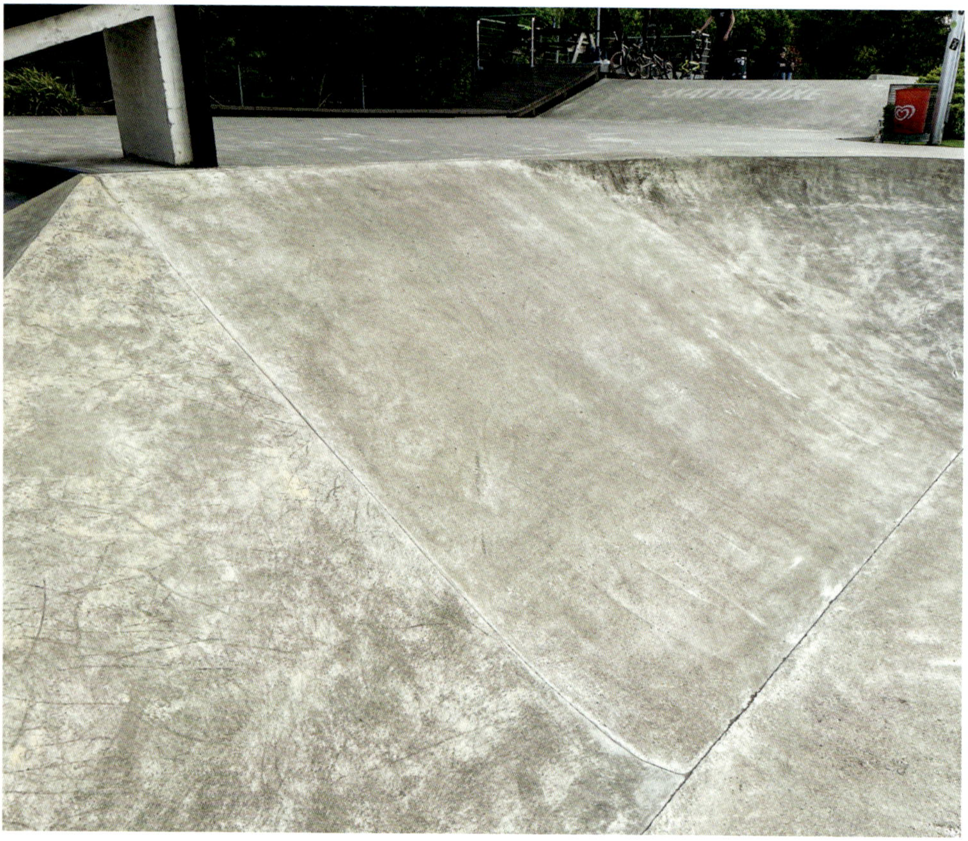

Abb. 37: Bank

MINIRAMP

Eine Rampe in Form einer Halbröhre aus Holz, Metall oder Beton. In der Mitte der beiden Seiten befindet sich ein Stück Flat. Häufig wird die *Miniramp* fälschlicherweise mit einer Halfpipe verwechselt. Doch die deutlich häufiger vorkommende Miniramp unterscheidet sich in zwei Aspekten von der Halfpipe.

Mit einer durchschnittlichen Höhe von 1-2 Metern ist sie weitaus kleiner als ihr großer Bruder. Zudem hat sie einen flacheren Einstieg in die Rampe, der bei einer Halfpipe immer vertikal verläuft.

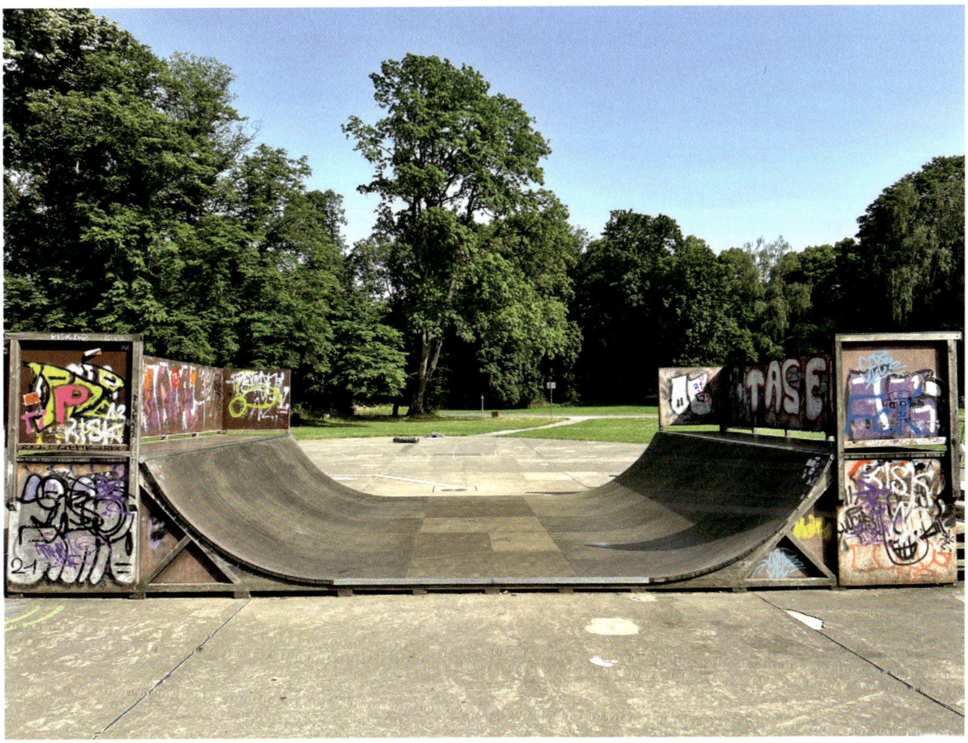

Abb. 38: Miniramp

HALFPIPE

Eine *Halfpipe* (engl. Halbröhre) ist wohl die bekannteste Form einer Skateboardrampe. Sie besteht aus Holz, Beton oder Metall und ist mit einer Höhe von mindestens drei Metern nicht zu übersehen. Sie hat als unverwechselbares Merkmal einen vertikalen Einstieg in die Rampe, das heißt, das obere Ende ist eine senkrechte Wand. Eine Halfpipe wird durch diesen vertikalen Übergangsbereich auch *Vert* abgekürzt.

Hierzulande kommt sie eher seltener vor, da sie zumal sehr viel Platz einnimmt und sich nicht viele trauen, in eine Rampe dieser Größenordnung hineinzufahren. Die weitaus verbreitere Variante der Halfpipe ist die Miniramp.

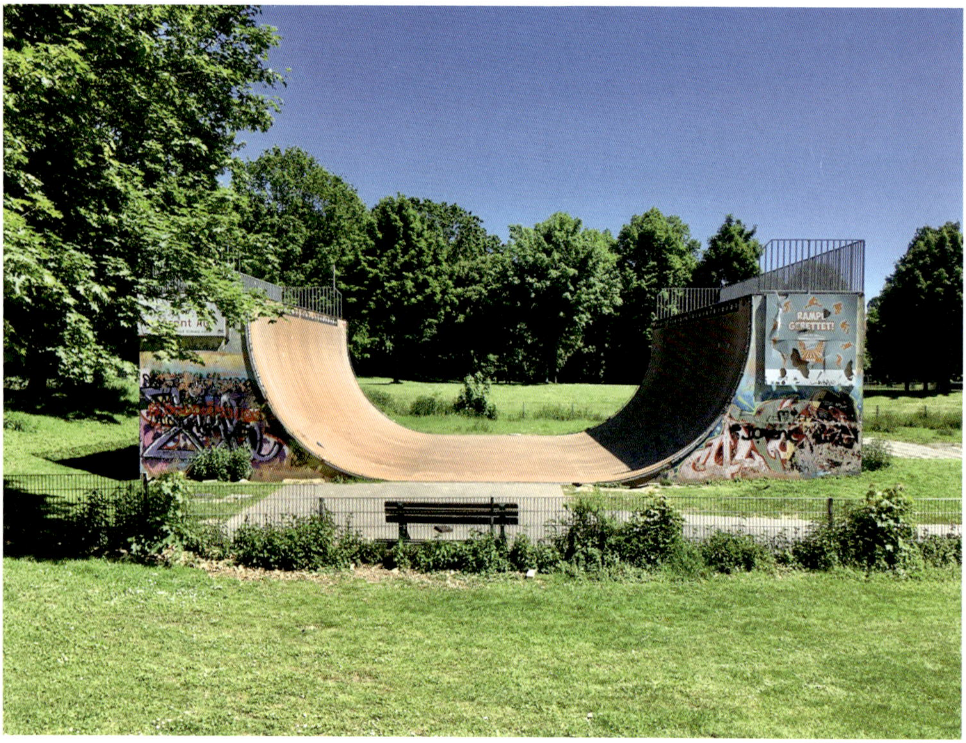

Abb. 39: Halfpipe

QUARTERPIPE

Der englische Begriff *Quarterpipe* meint eine Viertelröhre und wird bei Skatern auch *Quarter* genannt. Eine Quarter findet man so gut wie in jedem Skatepark und ist in etwa eine halbe Halfpipe in einer weniger steilen Ausführung. Am oberen Ende wird sie durch eine Stange begrenzt, welche man *Coping* nennt. Von dort aus fährt man in die Rampe hinein. Am Coping lassen sich aber Grinds und Slides machen.

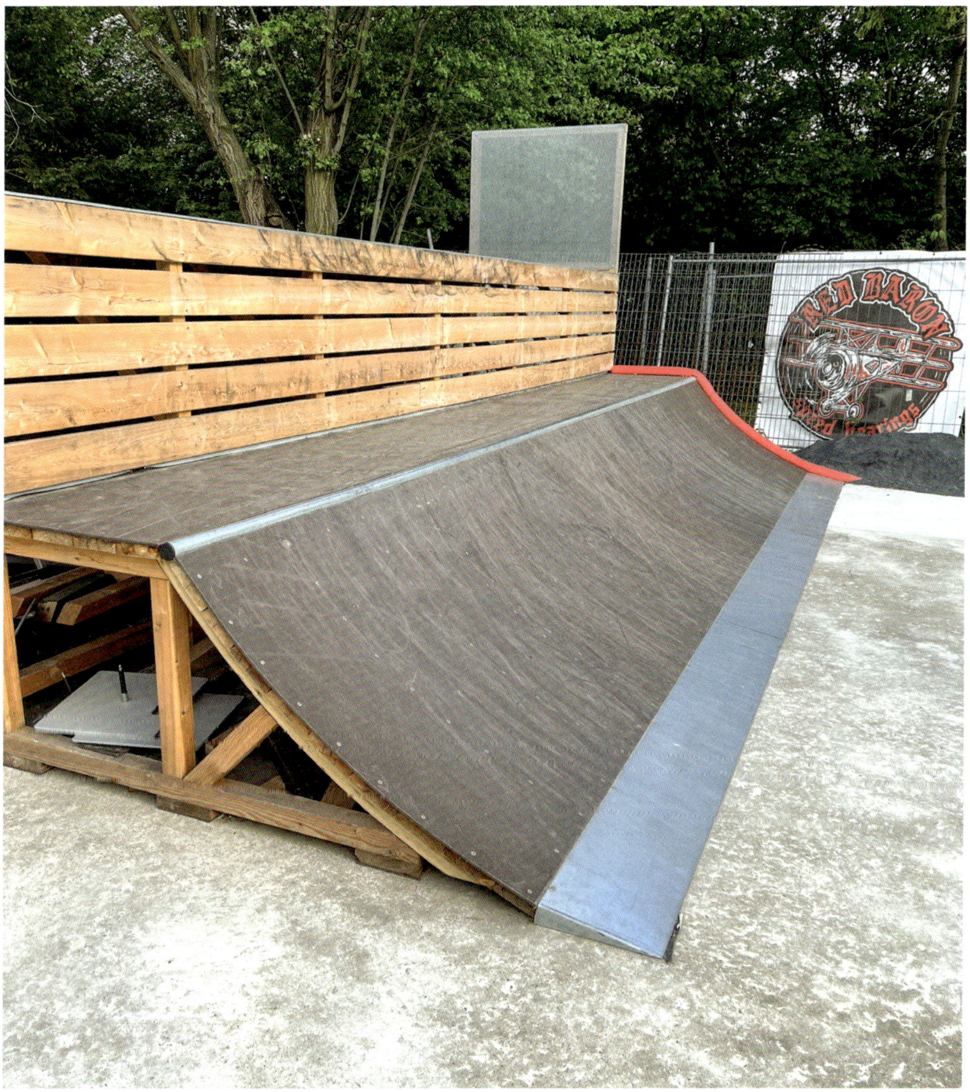

Abb. 40: Quarterpipe

WHEELIETABLE

Ein *Wheelietable* (auch *Manualpad* genannt) meint eine Art Kasten, auf den man springen kann, um für kurze Zeit auf zwei Rollen (*Wheels*) zu balancieren. Oft eignet sich dieses Obstacle auch als Curb, wenn es an den Seiten rutschbare Kanten hat. Ein Wheelietable besteht wie ein Curb meistens aus Holz, Metall oder Beton.

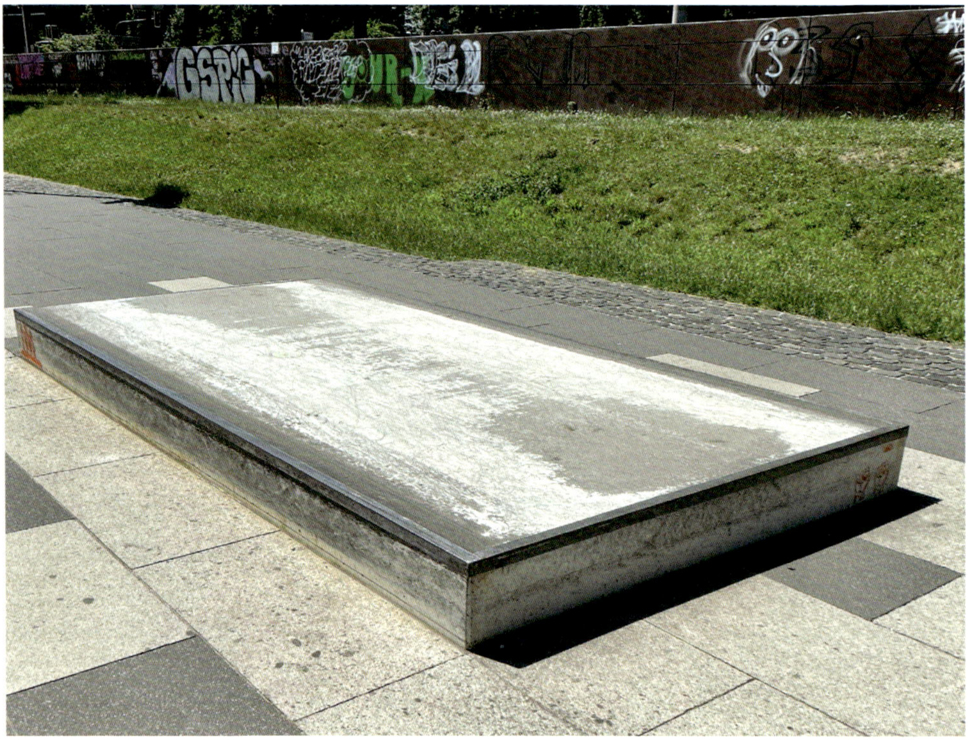

Abb. 41: Wheelietable

STUFENSET

Ein *Stufenset*, also eine Anzahl an Treppenstufen, ist ein beliebtes Obstacle im Streetbereich.

Hieran kann man sich gut messen und sich Schritt für Schritt an ein höheres Set wagen. Je größer das Set, desto sicherer sollten die Fähigkeiten auf dem Board sein.

Von zwei Stufen bis zu 20 Stufen oder sogar ein 25er-Set – wurde schon alles im Streetskaten bezwungen.

Eine Variation bei Stufensets bilden sogenannte *Doublesets*. Das sind Treppenstufen mit einem Stück Flatbereich zwischen zwei Stufensets.

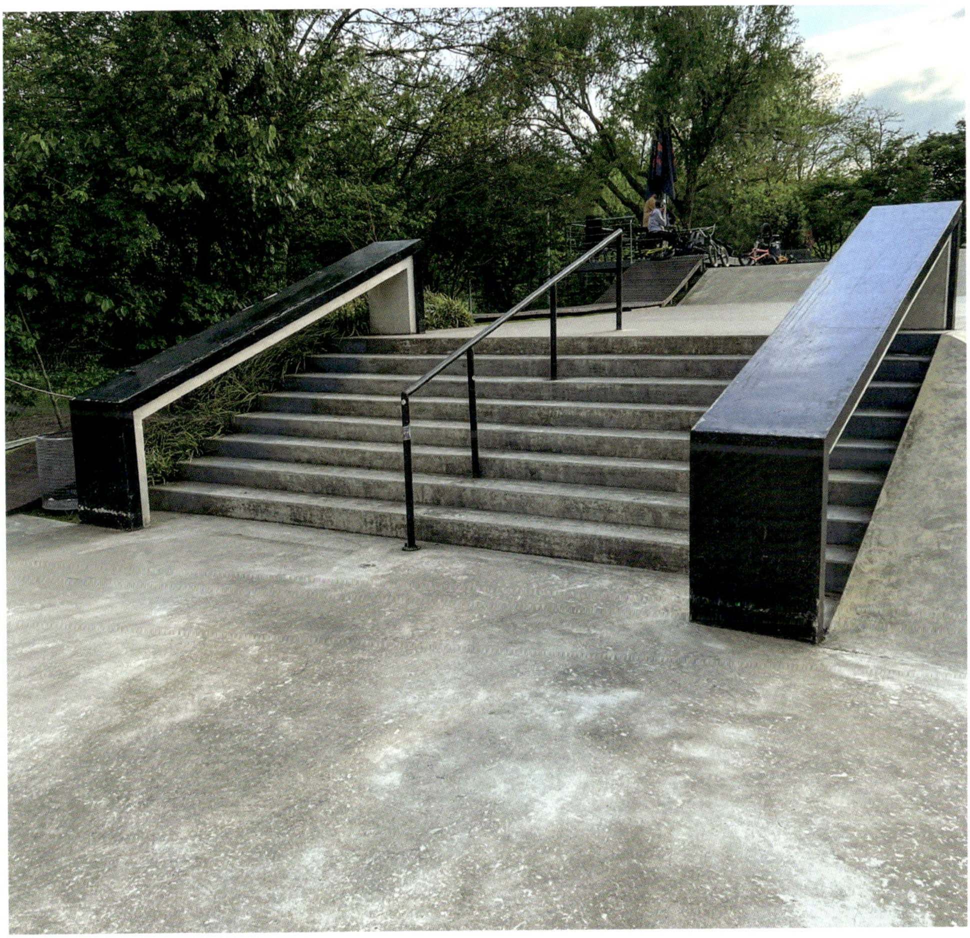

Abb. 42: Treppenstufen

GAP

Ein *Gap* (engl. Lücke) kann in verschiedensten Formen auftauchen und meint immer einen Zwischenraum, den es mit einem Sprung/Trick zu bezwingen gilt. Beispielsweise ein Rasengap, wo die Lücke durch eine Grünfläche abgegrenzt wird. Oder ein „Streetgap", wo die Lücke durch zwei gegenüberstehende Bürgersteige entsteht. Wenn man einen kreativen Blick hat, findet man im urbanen Raum einige Gaps, die noch überwältigt werden können!

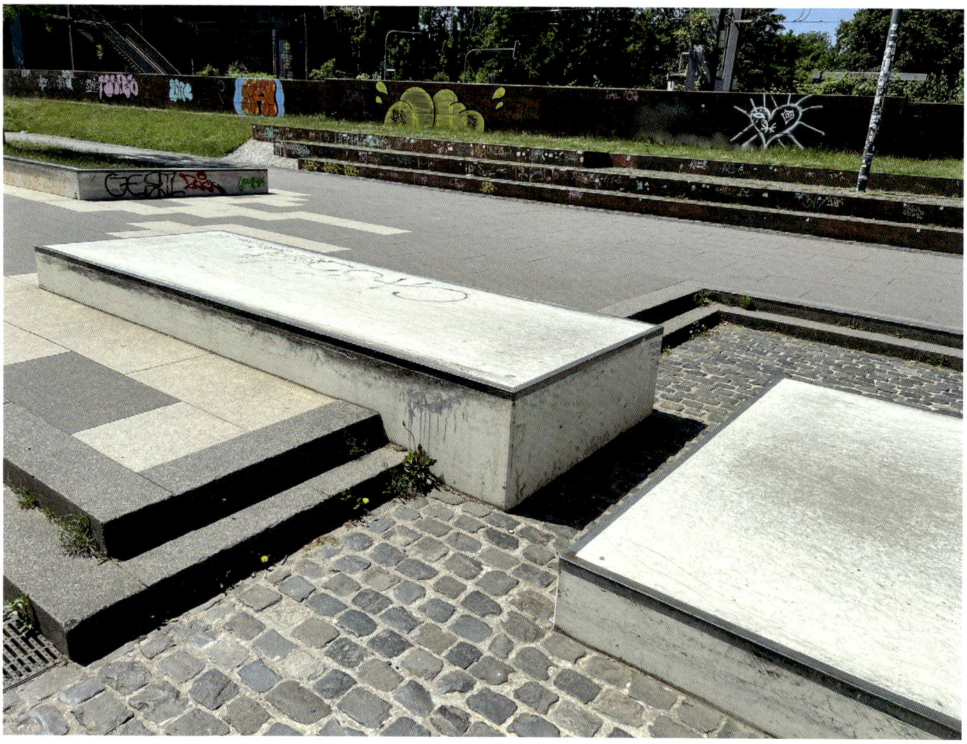

Abb. 43: Gap zwischen zwei Curbs

Unabhängig davon, wie der Skatepark ausgestattet sein mag, sollte man sich vor dem Skaten vor Ort im Park einen groben Überblick verschaffen. Insbesondere, wenn der Park stark besucht ist, sollte man folgende Aspekte bedenken:

- Wer skatet hier welches Obstacle?
- Sind möglicherweise Kinder mit Stunt-Rollern unterwegs oder Kleinkinder mit Fahrrädern?

In solchen Situationen muss man manchmal für die Kinder mitdenken und besonders aufpassen, um Zusammenstöße zu vermeiden.

Ebenfalls von Bedeutung und eine Art ungeschriebenes Gesetz ist es, den ortsansässigen Skatern, auch *Locals* genannt, mit Respekt zu begegnen. Darunter fällt nicht nur ein Grüßen und ein freundlicher Umgang, sondern es umfasst unter anderem auch, dass man den Locals nicht den Weg abschneidet oder sich ständig vordrängelt. Man nennt das im Skatejargon *snaken* und das wird nicht gerne gesehen. Die Devise hier lautet: Respektiert die Locals!

4.2 STREET VS. SKATEPARK

Im Gegensatz zum Skatepark ist im Streetbereich kein Element explizit zum Skaten gebaut. Die Street-Obstacles sind für gewöhnlich wesentlich rauer und nicht perfekt fahrbar wie in einem Skatepark. Hier muss man kreativ werden und die Augen öffnen, um einen „Spot" (einen skatebaren Platz bzw. ein skatebares Hindernis) zu finden.

Dabei können alle Elemente als Obstacles fungieren. Ein kleines Rasenbeet kann schnell zum Grasgap werden. Der Gulli auf dem Parkplatz wird zum Flatgap. Das niedrige Geländer am Rande des Gehwegs wird von einer Gebüschabgrenzung zum Flatrail umfunktioniert.

Sofern der Boden halbwegs fahrbar ist, gibt es im öffentlichen Raum kaum Grenzen für das Streetskaten. Natürlich muss man schauen, ob der Spot auch legal befahrbar ist und niemand dadurch zu Schaden kommt (Ruhestörung etc.). Sonst kann es schnell zu einem *Bust* kommen. Das bedeutet, man wird weggeschickt. Im harmlosen Fall nur von Anwohnern.

Fährt man jedoch im städtischen Bereich an einem schönen Marmorspot, der aber leider zufällig am Rathaus platziert ist, so kann es im schlimmsten Fall auch dazu kommen, dass die Polizei oder das Ordnungsamt mit einem Bußgeld droht. Man sollte sich also im Vorfeld informieren, ob ein Street Spot einen Bust hat, oder an welchen Tagen man dort ungestört skaten kann.

Das Schöne am Streetskaten ist, dass man einfach weiterziehen kann und man durch die ganze Stadt cruisen kann, wodurch man immer wieder neue Ecken entdeckt. Das macht auch den ursprünglichen Spirit von Skateboarding aus. Raus auf die Straßen, neue Orte ausfindig machen, verschiedene Obstacles fahren und mit den Skatebuddys eine gute Zeit verbringen. Irgendwann bekommt man einen Blick und ein Gespür für gute Spots und lauert nur noch auf den nächsten Spot.

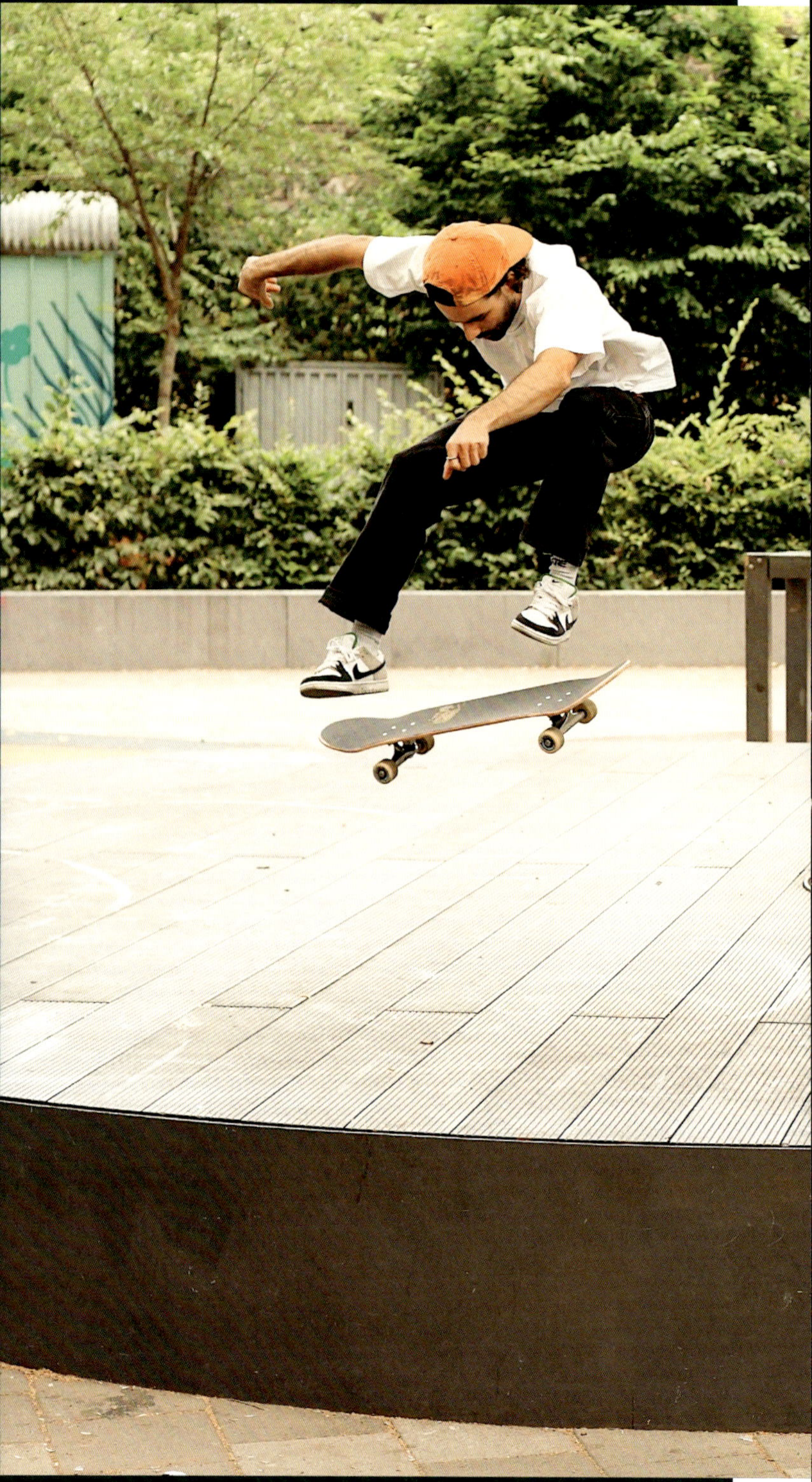

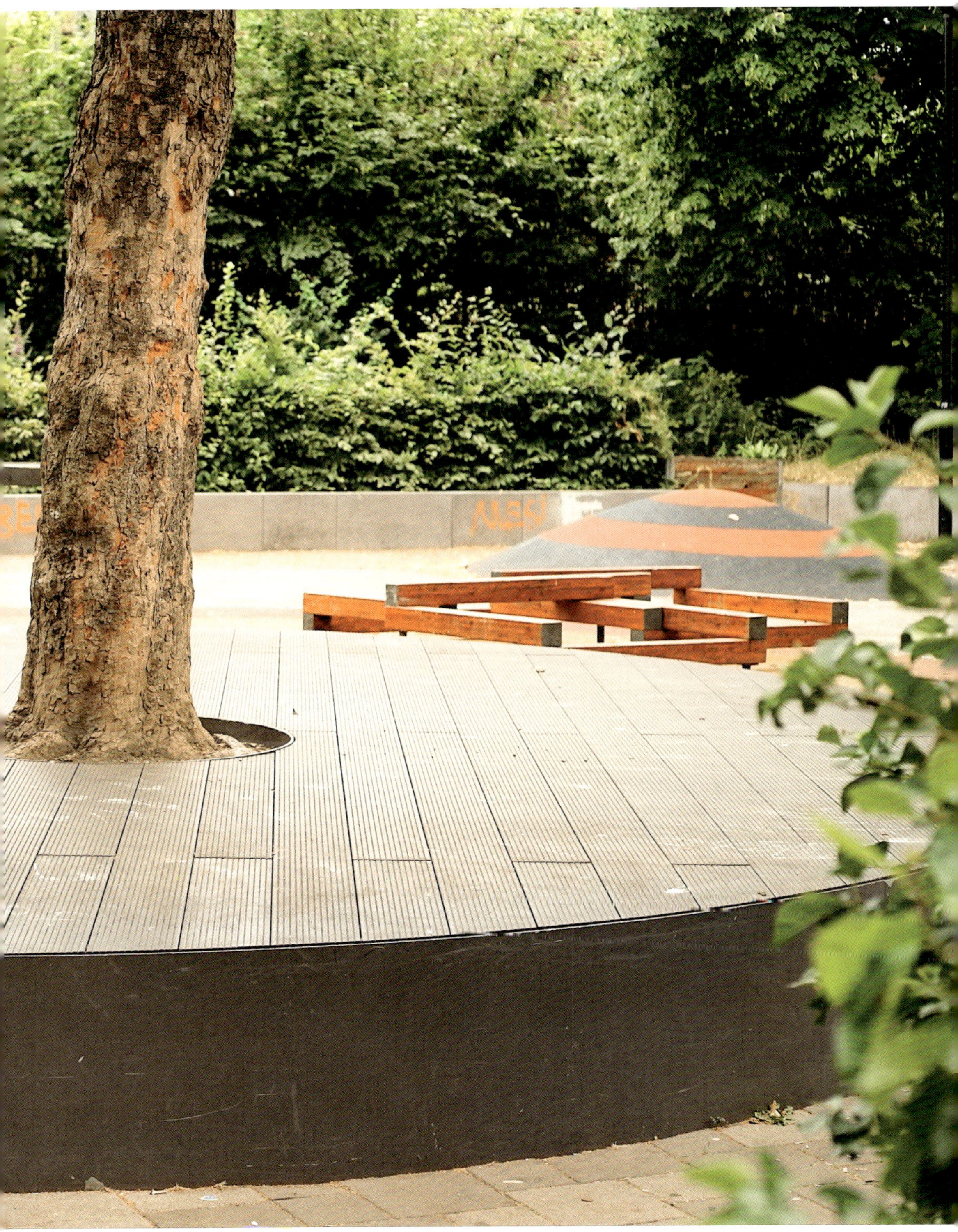

Sobald die Grundlagen auf dem Skateboard (der richtige Stand, das Pushen, das Lenken und das Bremsen) gefestigt sind, kann man sich den ersten Tricks zuwenden. In diesem Kapitel sollen zunächst Tricks vorgestellt werden, die auf ebener Fläche ohne Hindernisse oder Rampen ausgeführt werden können. Man spricht auch von Tricks im „Flat" oder „Flatbereich". Sie bieten eine gute Grundlage, um anschließend auch Tricks auf/über Obstacles bewältigen zu können.

Die folgenden Tricks werden wie im Grundlagenkapitel aus der Sicht einer Person mit Goofy Stance (rechter Fuß vorne) gezeigt.

5.1 WHEELIE

Als *Wheelie*, oder auch *Manual* bezeichnet man den Trick, bei dem man auf nur zwei Rollen fährt. Hierbei arbeitet man ähnlich wie beim Lenken mit Gewichtsverlagerung, bloß mit dem Unterschied, dass man den Körperschwerpunkt auf das hintere Bein verlagert, anstatt auf die Fußspitzen oder die Fersen. Der Trick bietet eine gute Übung, um seine Balancefähigkeit auf dem Board auszubauen.

Die Fußstellung ist hier wie beim Kickturn. Der vordere Fuß steht also seitlich auf den vorderen Schrauben, während der hintere Fuß auf dem Tail platziert wird. Nun wird durch Druck auf dem hinteren Bein das Tail runtergedrückt, um die Vorderachse vom Boden zu heben. Jetzt wird auf den hinteren zwei Rollen balanciert, ohne mit dem Tail den Boden zu berühren.

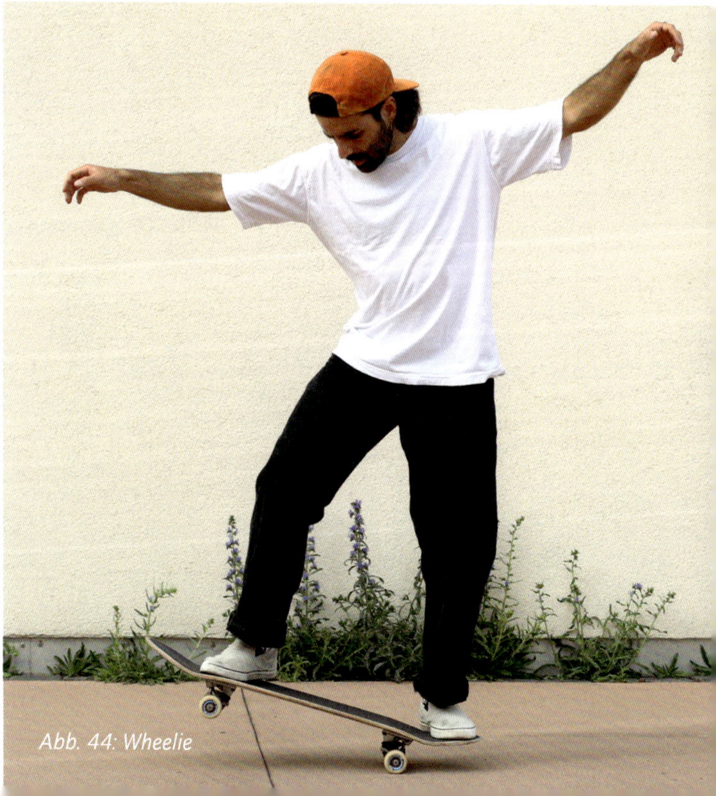

Abb. 44: Wheelie

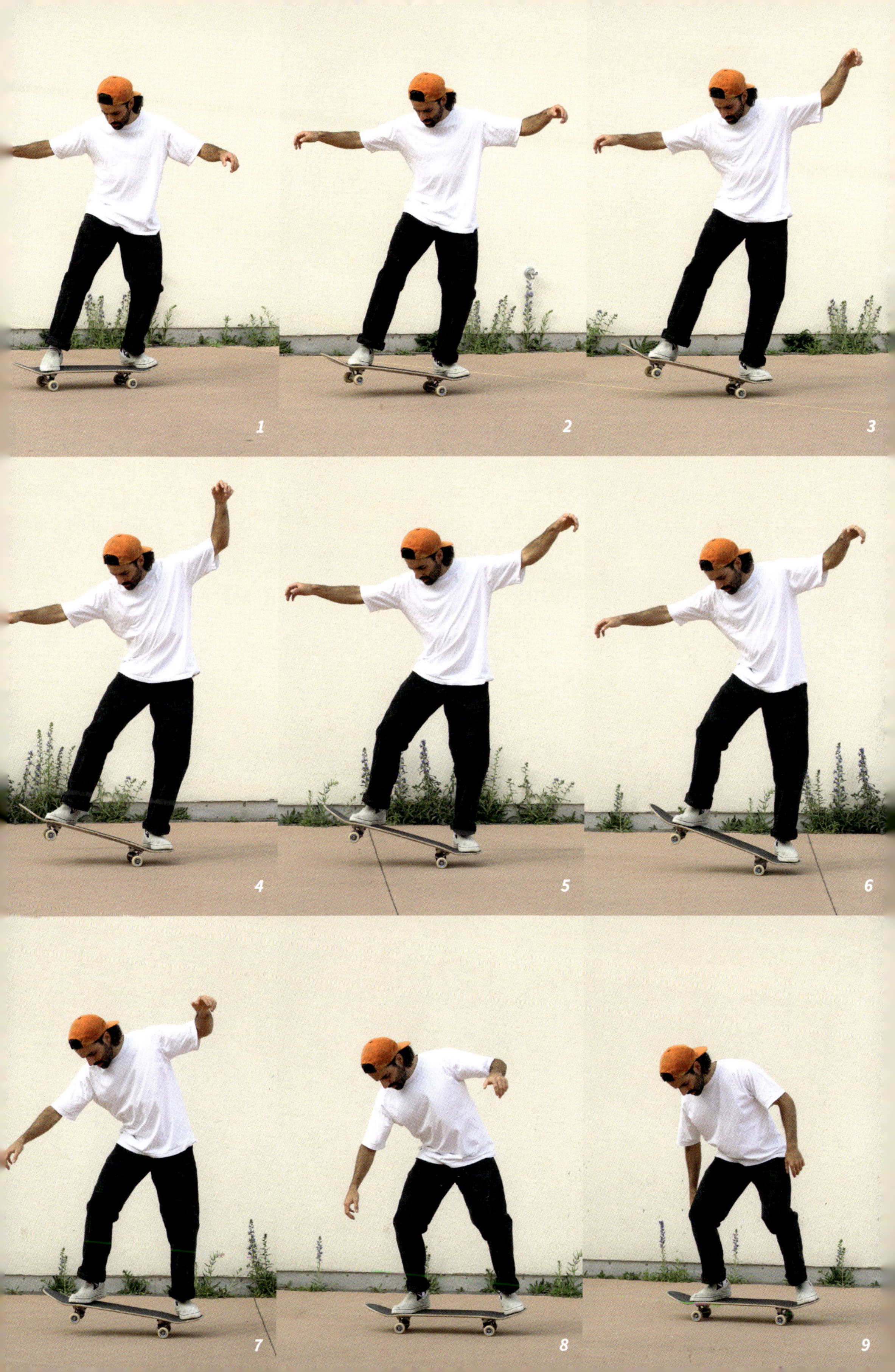
1
2
3
4
5
6
7
8
9

5.2 NOSEWHEELIE

Eine etwas schwierigere Variante des Wheelies ist der *Nosewheelie*. Hier wird auf den vorderen zwei Rollen balanciert. Die Technik und die Fußstellung sind in etwa die Gleiche, nur auf der Vorderseite des Boards.

Man steht also mit dem vorderen Fuß auf der Nose und mit dem hinteren Fuß auf den hinteren Schrauben. Nun drückt man die Nose etwas runter, aber nur so weit, dass sich das Tail leicht vom Boden löst.

Achtung: Wer zu viel Gewicht auf die Nose bringt, der drückt diese auf den Boden und kommt schlagartig zum Bremsen!

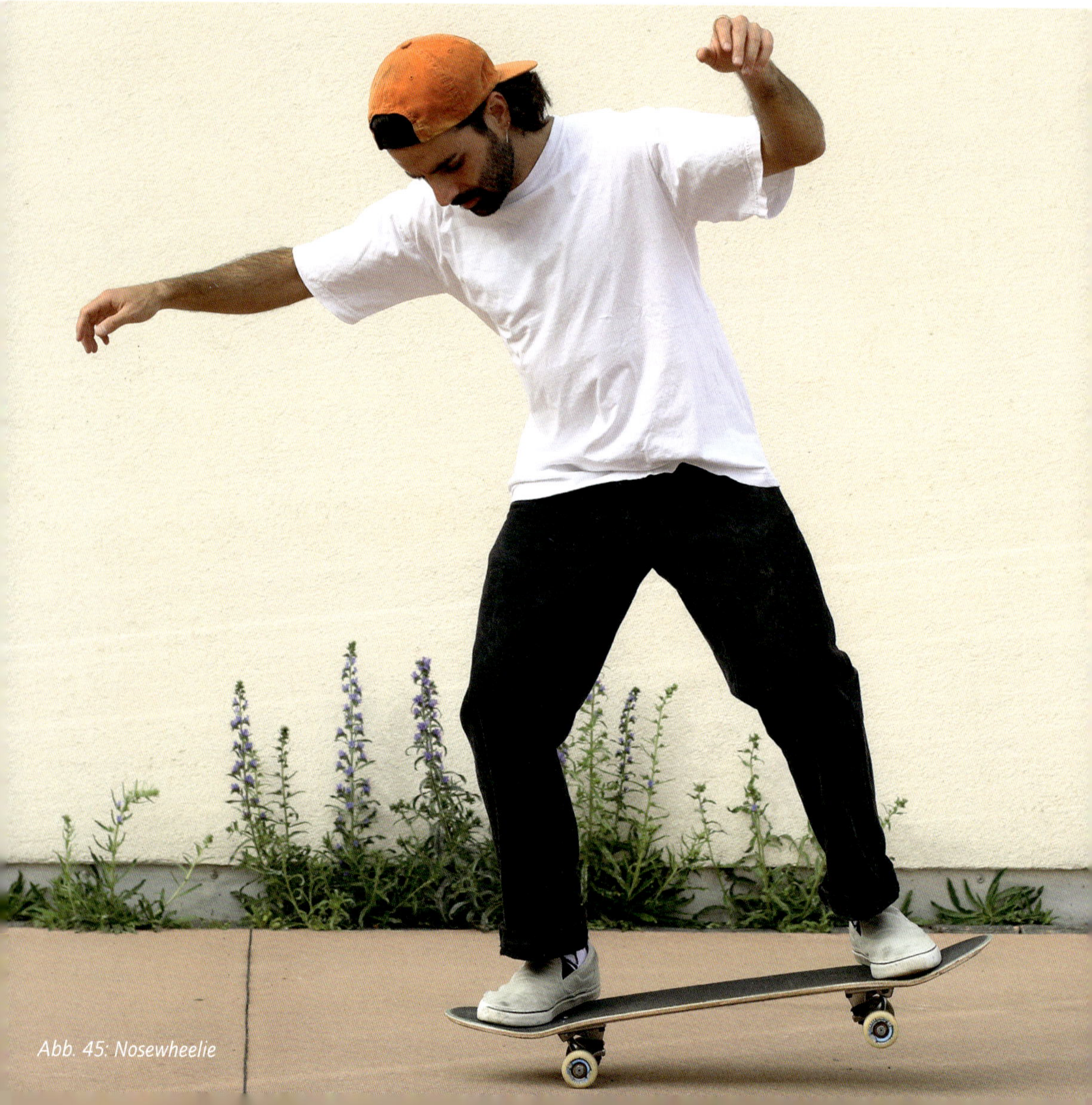

Abb. 45: Nosewheelie

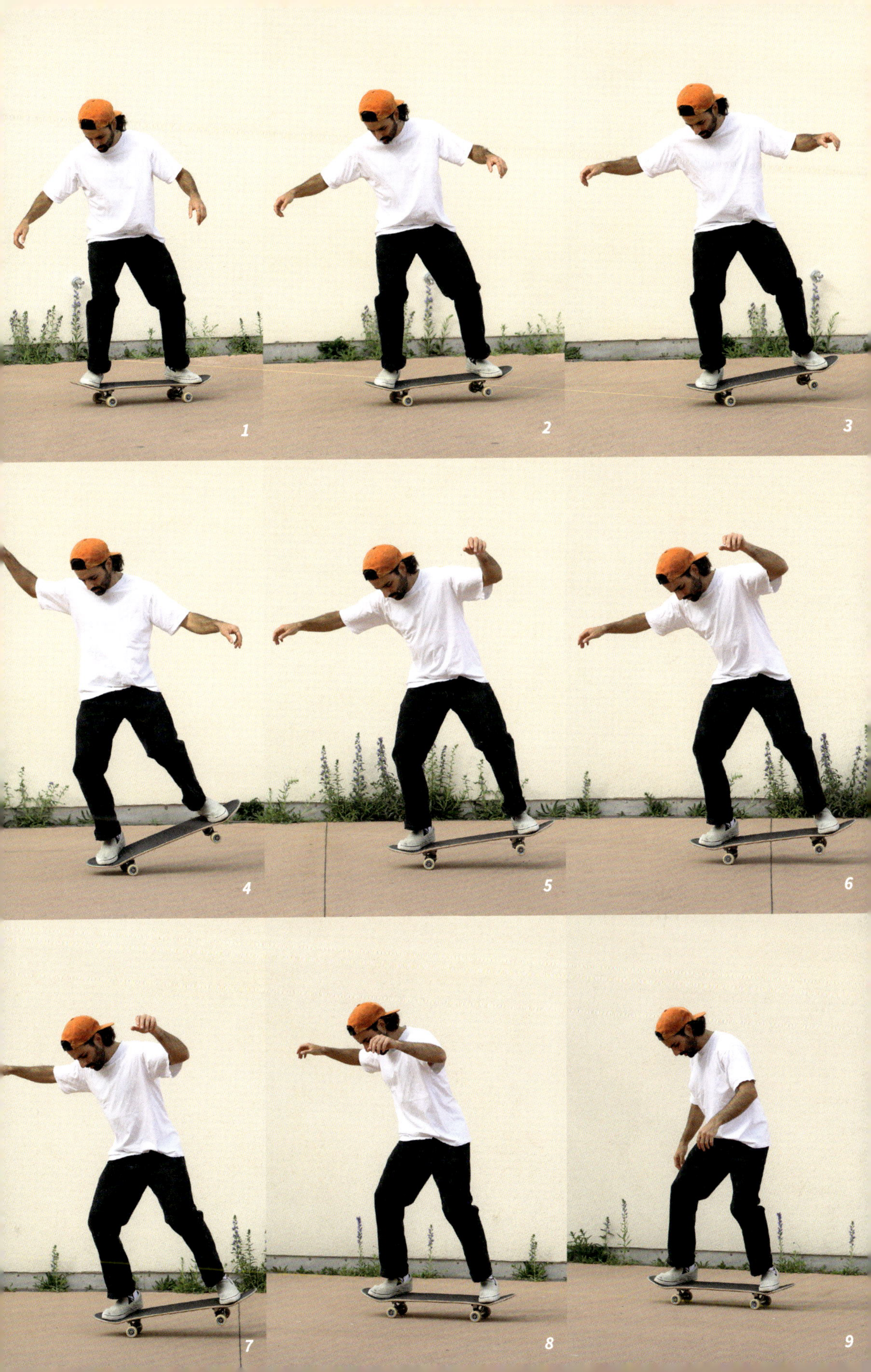
1
2
3
4
5
6
7
8
9

5.3 OLLIE

Als *Ollie* wird der Sprung mit dem Brett bezeichnet. Der Ollie ist neben dem *Kickflip* der wohl bekannteste Trick, der mit Skateboarding verbunden wird. Er bietet die Grundlage für fast alle weiteren Tricks mit dem Skateboard und dient somit als „Türöffner".

Namensgeber des Ollies ist Alan „Ollie" Gelfand, der im Jahr 1976 mit dem Sprung, ohne das Board mit den Händen zu berühren, mehr als nur eine ganze Generation nachhaltig geprägt hat. Gelfand übte den Trick damals in leeren Swimmingpools aus. Fünf Jahre später hat der erfolgreichste Freestyle-Skater Rodney Mullen diese Sprungtechnik etwas umgewandelt und diese von der Rampe ins Flat transferiert. Der Ollie, wie man ihn heute kennt, war geboren (vgl. Abb. 46).

Damit revolutionierte Rodney Mullen das Streetskaten von heute und bot der neuen Generation eine neue Dimension des Skateboardings (von Krosigk, 2014).

Bei der Technik des Ollies folgen mehrere Bewegungen aufeinander. Hier muss ein wenig mehr Zeit investiert werden, um diese komplexe Technik richtig beherrschen zu können. Man sollte sich daher nicht entmutigen lassen, wenn es Tage, Wochen oder Monate dauert, bis er ohne Probleme funktioniert. Fleißig weiterüben ist die Devise!

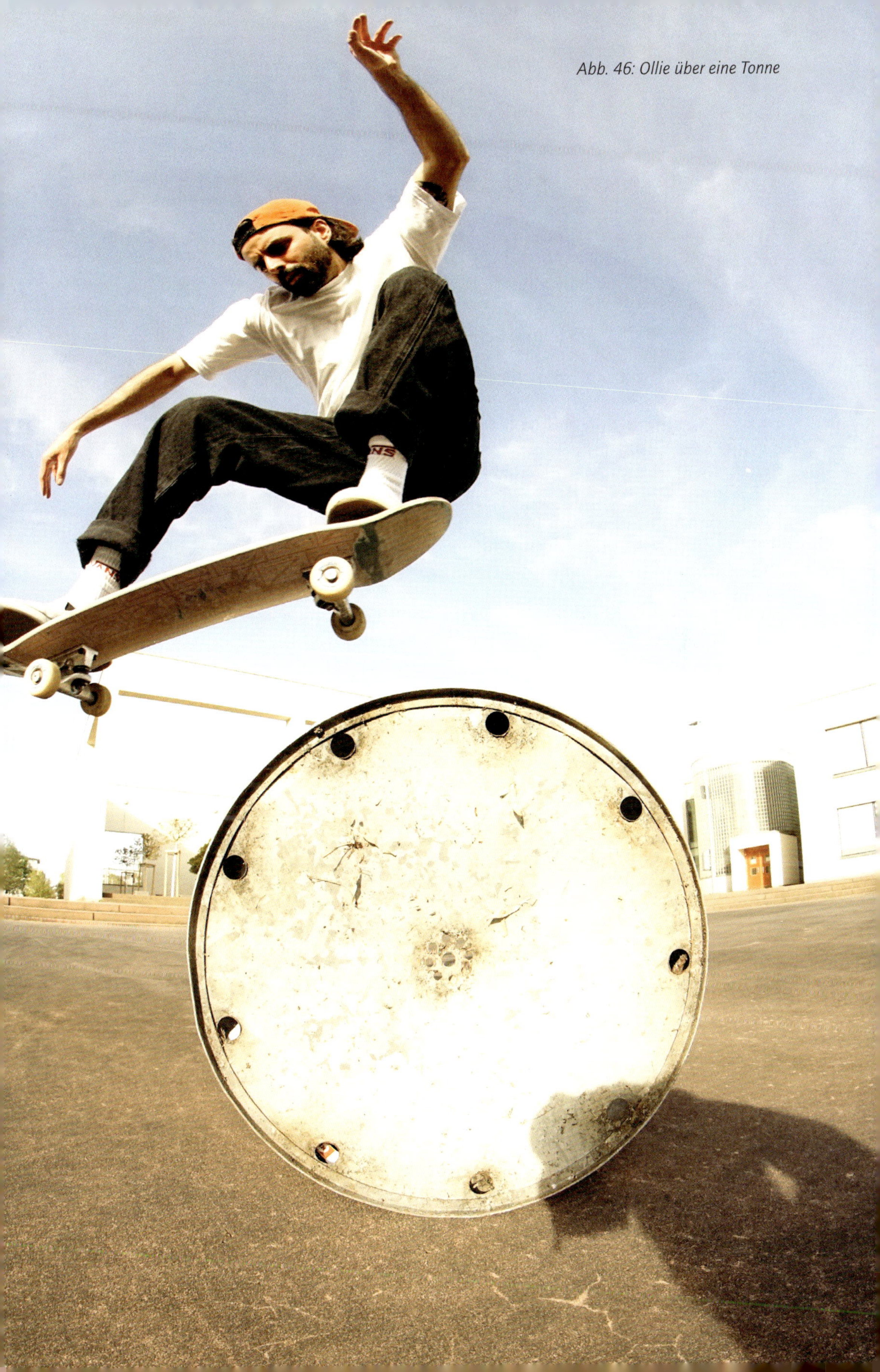

Abb. 46: Ollie über eine Tonne

5.3.1 DIE FÜNF PHASEN DES OLLIES

Video Ollie

Phase 1: Die richtige Position

Hierbei steht man zunächst mit dem vorderen Fuß kurz vor den vorderen Schrauben und mit dem hinteren Fuß auf dem Tail (Bild 1). Die Schultern sind parallel zu den Füßen (seitlich) ausgerichtet. Wie in der Grundposition sollten die Knie leicht angewinkelt sein, um flexibel auf dem Board stehen zu können. Das Gewicht lastet auf den Fußballen. Der Oberkörper ist leicht nach vorne geneigt (in Richtung Fußspitzen), um nicht in Rücklage zu geraten.

Phase 2: Tail runterdrücken

Um die Sprungbewegung einzuläuten, geht man leicht in die Knie. Nun wird mit dem hinteren Fuß das Tail schlagartig auf den Boden gedrückt (Bilder 2-4). Man nennt diese Bewegung bzw. das Knallen des Tails gegen den Boden auch *abpoppen*.

Phase 3: Der Vorderfuß zieht in Richtung Nose

Hierbei wird der vordere Fuß zunächst zur Seite abgeklappt, sodass die Schuhaußenseite das Griptape berührt. Gleichzeitig zieht der Fuß in Richtung Nose nach oben (Bild 5).

Phase 4: Das Springen

Nun folgt der Sprung und die Flugphase. Es wird mit beiden Beinen nach oben gesprungen, sodass sich das Board wieder in der Waagerechten befindet (Bilder 6-7). Je mehr die Beine zum Körper angezogen werden, desto höher lässt sich der Ollie ziehen.

Phase 5: Die Landung

Oft wird diese Phase nicht beachtet. Doch sie ist maßgeblich daran beteiligt, ob der Trick gelingt oder nicht. Sobald das Board den Boden berührt, geht man mit beiden Beinen in die Knie und versucht, den Sprung so abzufedern (Bilder 8-10). Um den Ollie richtig zu landen und in der Fahrt sicher ausfahren zu können, ist es wichtig, wieder in der Grundposition (auf den Schrauben) zu landen.

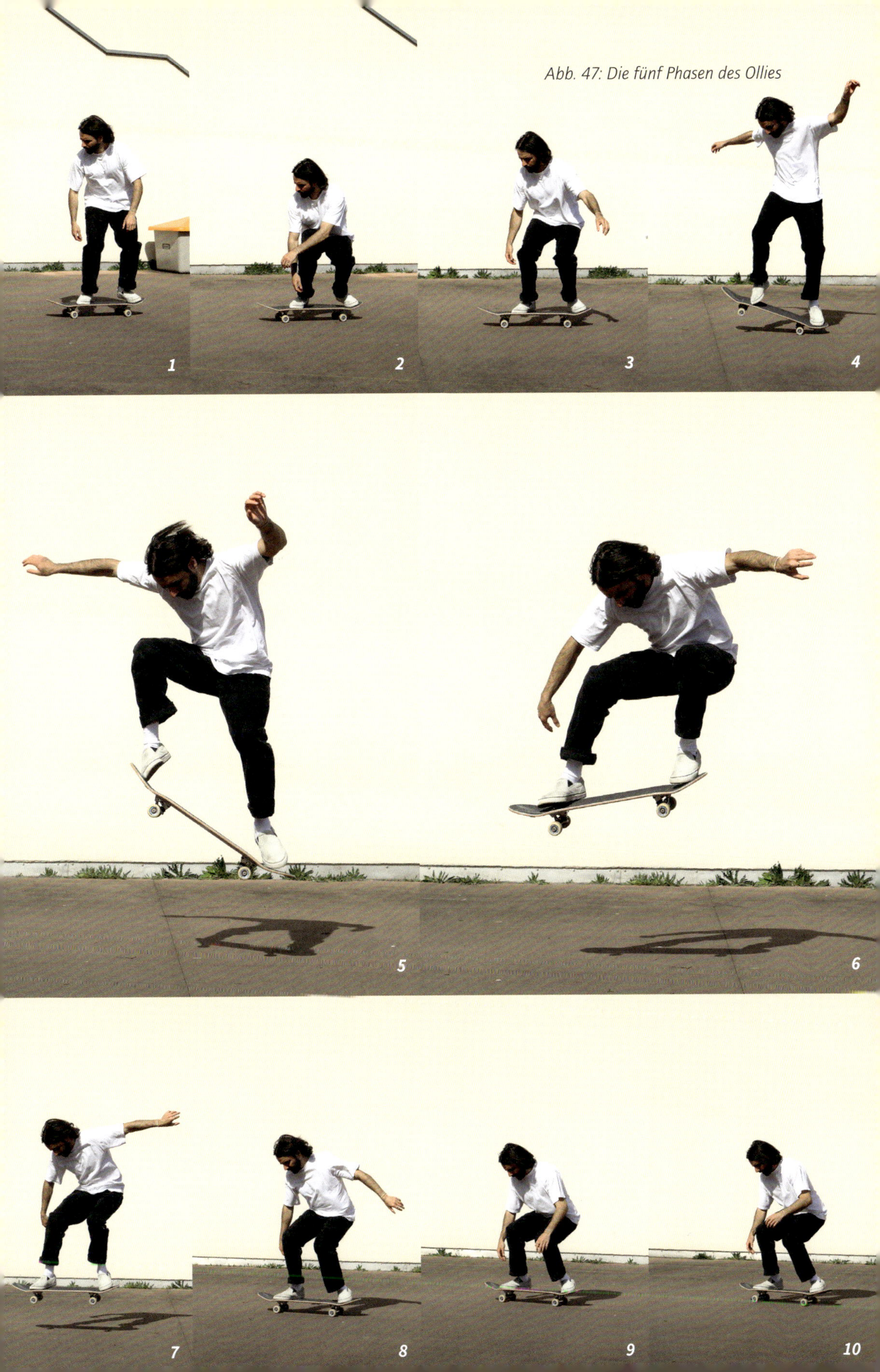

Abb. 47: Die fünf Phasen des Ollies

Um die Technik des Sprungs besser nachvollziehen zu können, macht es Sinn, die Phasen 2-4 separat zu üben (Abb. 48) und sie dann später zusammenzuführen. Zunächst sollten also die einzelnen Phasen mehrmals hintereinander gemeistert werden, bevor es mit der nächsten Phase weitergeht.

Sobald alle Bewegungen der Technik kontrolliert durchgeführt werden können, kann man die Phasen dann hintereinander absolvieren . Diese werden mit kurzem Abstand zwischen den einzelnen Bewegungen ausgeführt. Gelingt einem auch dies, kann man nun versuchen, die Phasen gleichzeitig durchzuführen, um einen kompletten Ollie nun in flüssiger Bewegung zu schaffen.

Ist die Bewegung einmal gemeistert, kann man sich dem Ollie in der Fahrt widmen.

Typische Fehlerbilder: Man kommt nicht vom Boden hoch. Das kann mehrere Gründe haben:

1. Der hintere Fuß drückt das Tail nicht fest genug auf den Boden.

2. Der vordere Fuß zieht nicht genug in Richtung der Nose.

3. Der Körper springt nicht mit bei der Phase des Springens. Der Fokus sollte dann noch einmal auf die richtige Reihenfolge gelegt werden: Tail runter drücken, vorderer Fuß zieht nach vorne, Absprung mit dem ganzen Körper nach oben. Runter – ziehen – springen.

Nützliche Tipps:

Um mehr Höhe beim Ollie zu erlangen, hilft es, das Knie des hinteren Beins am höchsten Punkt der Flugphase nach oben zu ziehen. Damit vermeidet man auch, dass man größtenteils nur die Nose in die Luft bekommt und der Ollie schräg aussieht. Bei so einem Ollie spricht man vom *Raketen-Ollie*.

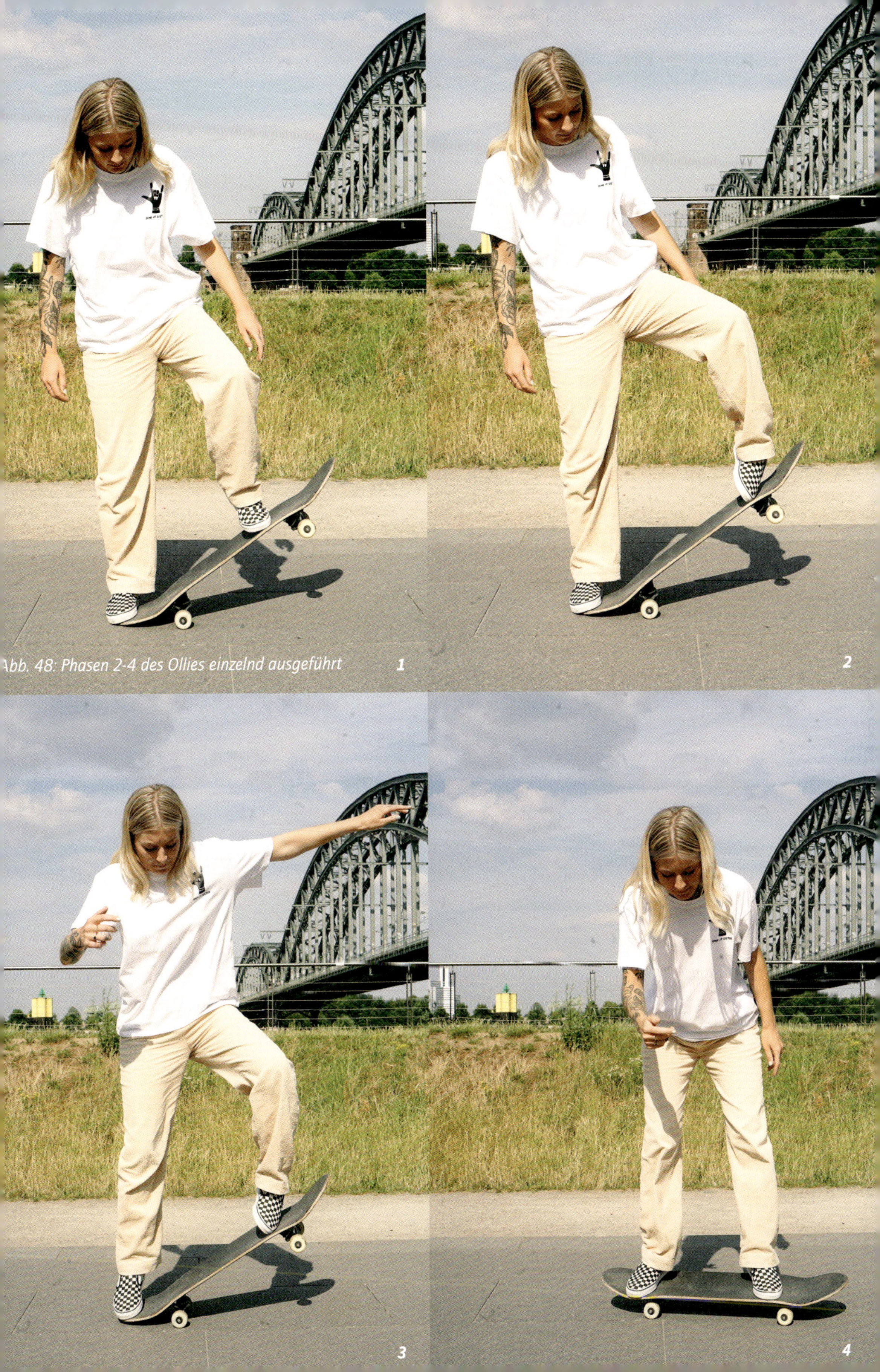

Abb. 48: Phasen 2-4 des Ollies einzelnd ausgeführt

5.4 FRONTSIDE 180 OLLIE

Video Fs 180

Der *180* (One-eighty ausgesprochen) ist eine erweiterte Form des Ollies. Hierbei dreht man sich mit dem Board in der Luft um eine halbe Umdrehung, also um 180 Grad. Dies kann über die Vorderseite (Frontside) oder die Rückseite (Backside) erfolgen. Im Folgenden wird zunächst die Drehung über die Vorderseite erklärt.

Bewegungsbeschreibung in Phasen:

1. Die Fußstellung ist wie beim Ollie. Die Schultern sind allerdings hier in der entgegengesetzten Richtung zur Sprungdrehung eingedreht, um genug Schwung für die Rotation zu generieren (Bild 1).

2. Beim Absprung werden die Schultern in Fahrtrichtung geöffnet und weiter nach rechts (für Regular-Skater dementsprechend nach links) rotiert. Dabei zieht der vordere Fuß ebenfalls zur rechten Seite (Bilder 3-4).

3. In der Luft sollte man am höchsten Punkt etwa bei 90 Grad zur Fahrtrichtung stehen, um die vollständige Rotation des 180 Grad sauber hinzubekommen. Das Anziehen der Beine zum Oberkörper hilft dabei, um länger in der Luft bleiben zu können (Bilder 5-6).

4. Bei der Landung wieder auf die Grundposition achten und mit beiden Füßen auf den Schrauben landen. Das Abfedern gelingt hier wieder dadurch, dass man ins Knie geht (Bilder 7-11).

Abb. 49: Frontside 180 Ollie

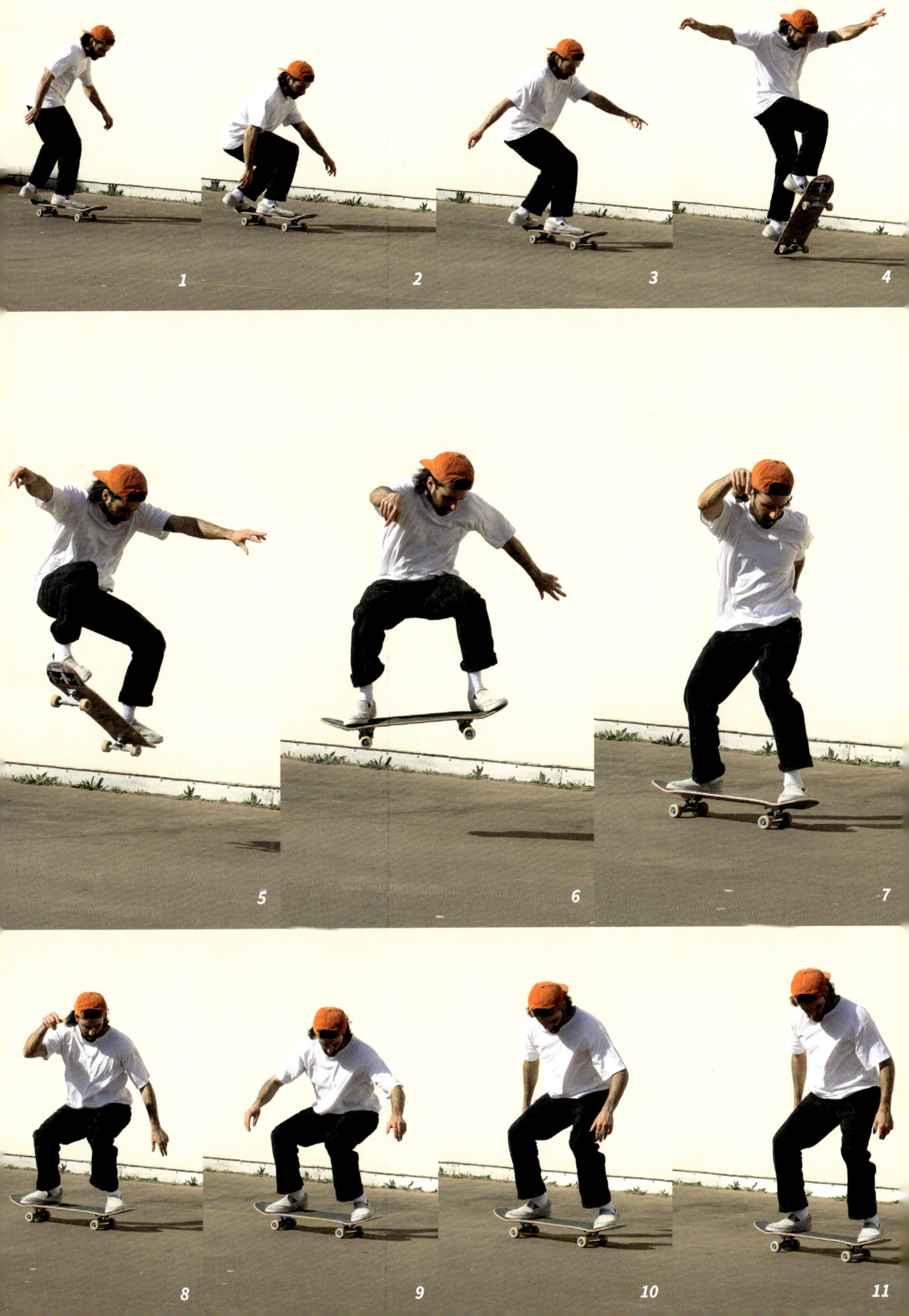

5.5 BACKSIDE 180 OLLIE

Video Bs 180

Der 180 Grad Ollie über die Körperrückseite wird *Backside 180* genannt und mit *Bs 180* abgekürzt. Für den Anfang ist er etwas schwieriger als die Frontsidevariante, da man hier bei der Drehung in der Luft „blind" in Fahrtrichtung springt.

Bewegungsbeschreibung in Phasen:

1. Die Fußstellung ist wie beim Ollie. Allerdings steht der vordere Fuß mit den Fußspitzen etwas weiter entfernt von der Zehen-Boardkante, sodass ein paar Zentimeter zwischen Fußspitze und Boardkante Platz ist. Hierdurch ergibt sich nach dem Ziehen des Fußes in die Backsiderichtung (nach links) ein saubereres Landen auf den Schrauben des Boards. Die Schultern und Arme werden vor dem Absprung in die entgegengesetzte Richtung des Sprungs vorgedreht, um wieder eine Verwringung und damit genug Schwung für die Backsiderotation zu generieren (Bilder 1-2).

2. Beim Absprung werden die Schultern dann zur Fahrtrichtung geschlossen und weiter nach links rotiert. Dabei zieht der vordere Fuß ebenfalls zur linken Seite (Bilder 3-5).

3. In der Luft steht man am höchsten Punkt wieder bei etwa 90 Grad. Diesmal springt man mit der Körperrückseite „blind" in Fahrtrichtung. Das Anziehen der Beine zum Oberkörper hilft dabei, die volle Rotation vor der Landung zu erreichen (Bilder 6-7).

4. Bei der Landung wieder auf die Grundposition achten und mit beiden Füßen auf den Schrauben landen. Das Abfedern gelingt hier wieder dadurch, dass man in die Knie geht. Der Oberkörper und der Körperschwerpunkt sollte wieder zentral über dem Board stehen, damit man nicht aus dem Gleichgewicht kommt (Bilder 8-11).

Nützliche Tipps:

Da die Weiterfahrt nach der 180-Grad-Drehung „Switch" erfolgt, also mit der Fußstellung mit dem nicht dominanten Fuß vorne, kann dies zunächst überfordernd sein. Daher ist es zu Beginn sinnvoll, die 180-Sprünge im Stand zu versuchen.

Wenn die volle 180-Grad-Drehung nicht erreicht wird, liegt das mit großer Wahrscheinlichkeit an zu wenig Schwung/zu wenig Vordrehung. Dabei sollte auf zwei Dinge geachtet werden:

1. eine Verwringung des Oberkörpers (samt Schultern und Armen) in die entgegengesetzte Richtung des gewünschten 180´s;

2. beim Sprung die Schultern weit genug (180 Grad) zu drehen.

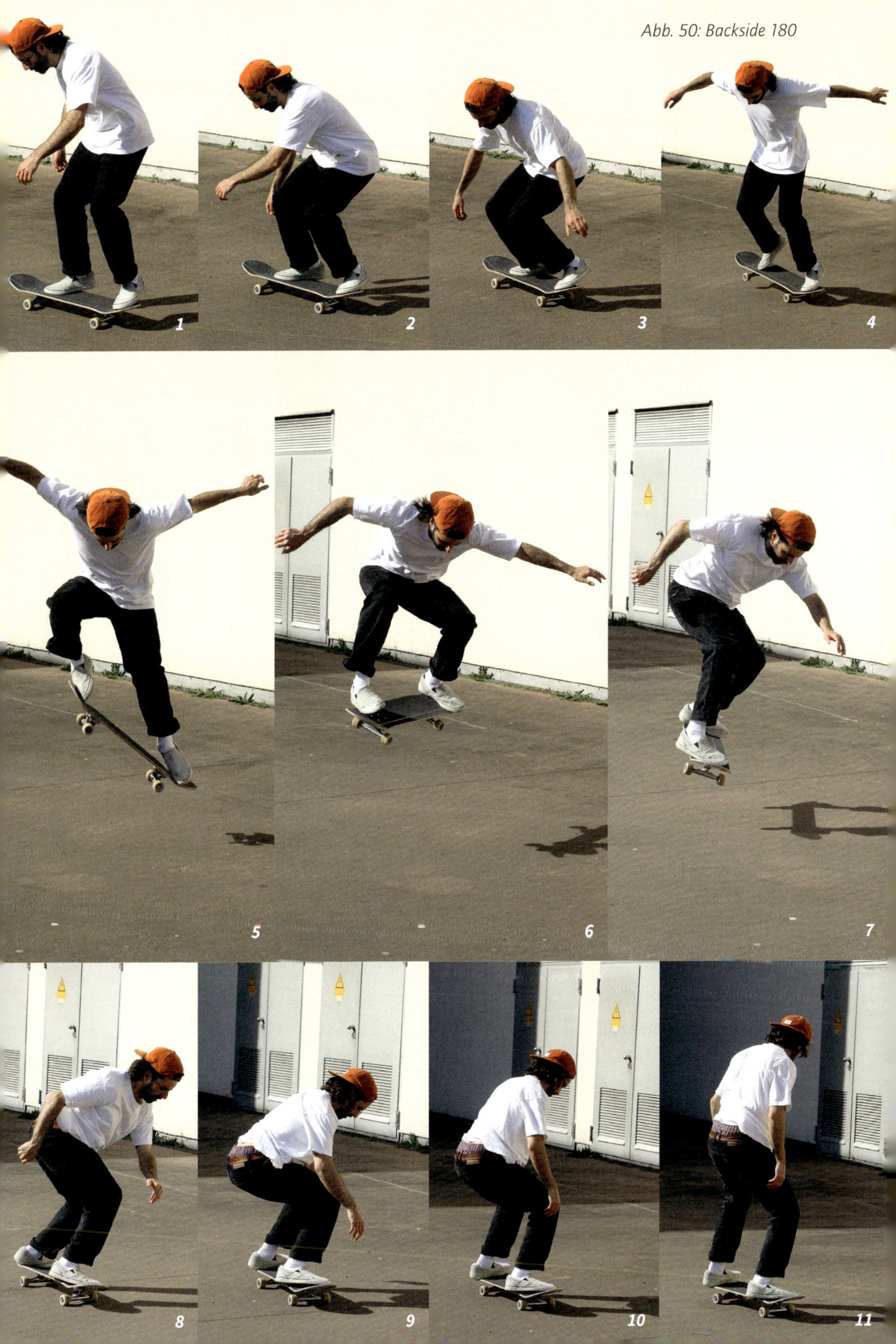

Abb. 50: Backside 180

5.6 POP SHOVE-IT

Video Pop Shove-It

Der *Pop Shove-It* ist ein beliebter Anfängertrick. Es ist der erste Trick auf dem Skateboard, bei dem das Board die Füße verlässt. Hierbei dreht sich das Board wie bei einem 180-Grad-Sprung, jedoch mit dem Unterschied, dass man den Körper nicht mitdreht. Ähnlich wie der Ollie ist der Pop Shove-it ein Einstiegstrick, bei dem sich das Board von den Füßen löst.

Bewegungsbeschreibung in Phasen:

1. Die Fußstellung ist ähnlich wie beim normalen Ollie. Der Vorderfuß steht jedoch, etwas diagonaler in Richtung Nose zeigend, auf dem Brett und der Hinterfuß auf dem Tail, mit Druck auf den Zehenspitzen. In die Knie gehen und sich für den Absprung bereit machen (Bilder 1-3).

2. Beim Absprung poppt man mit dem hinteren Fuß das Tail mit einem Impuls nach hinten, während der vordere Fuß die Drehung des Bretts durch ein leichtes Nach-vorne-Schieben unterstützt (Bilder 4-6). Der Fokus liegt allerdings auf dem Hinterfuß, der Vorderfuß wird während der Bewegung kaum belastet.

3. Wenn sich das Board um 180 Grad gedreht hat, fangen die Füße das Board in der Luft ein (Bild 7). Bei diesem „Fangen" des Boards mit den Füßen spricht man auch von einem *Catch* (engl. Fangen). Um den Trick sauber ausfahren zu können, sollte man noch in der Flugphase mit beiden Füßen das Board catchen.

4. Nun erfolgt die Landung durch das Nachgeben der Knie und Abfedern des Sprungs. Die Füße stehen in der Grundposition auf den Schrauben (Bilder 8-10).

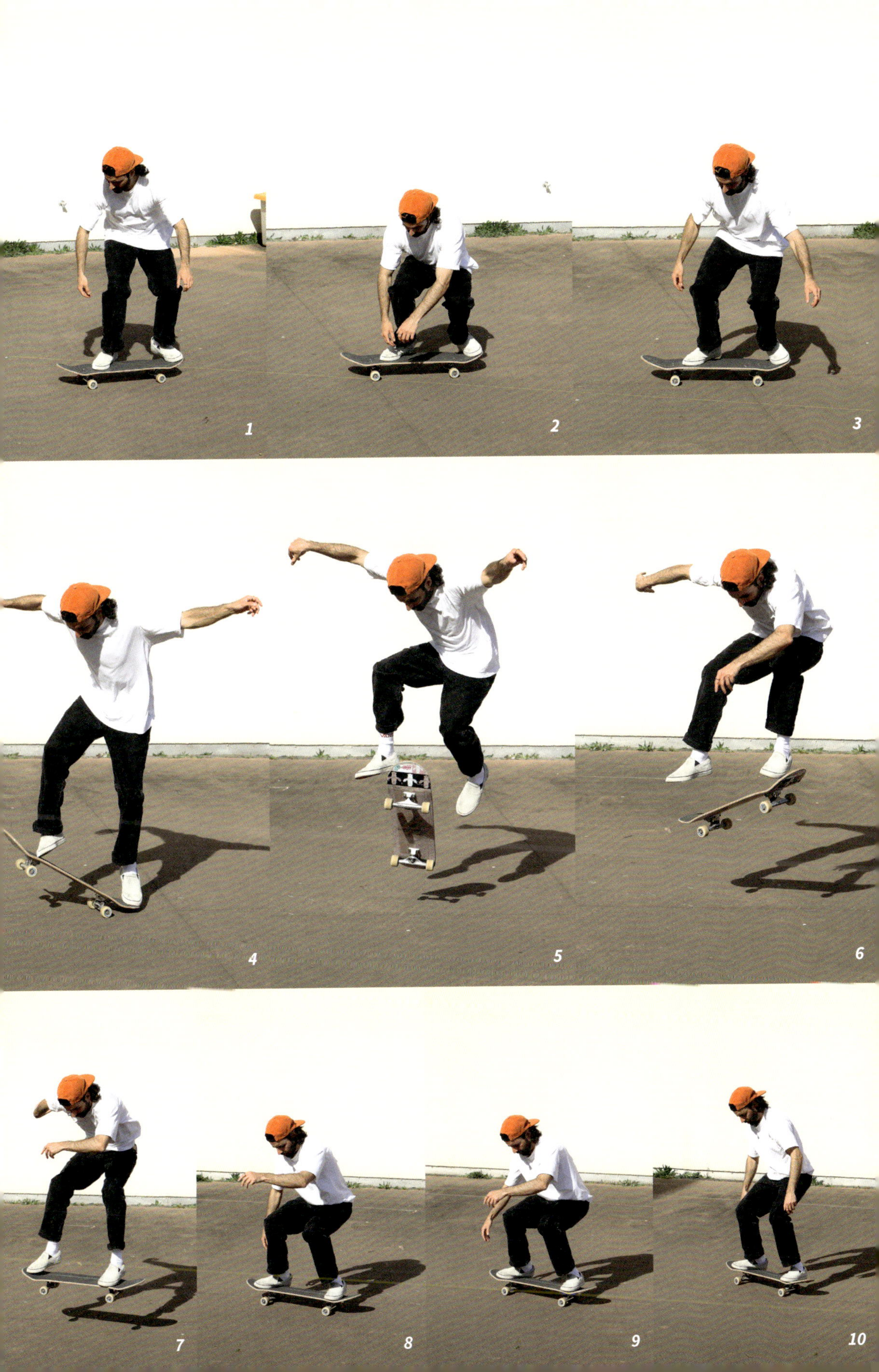
1
2
3
4
5
6
7
8
9
10

5.7 FAKIE HALFCAB

Video Halfcab

Der *Fakie Halfcab* ist eine Variante eines 180´s. Namensgeber des Halfcabs ist der Profi Skater Steve Caballero, der unter anderem diesen Trick in den 1980er-Jahren erfunden hat (Marcus & Griggi, 2011).

Beim Fakie Halfcab handelt es sich um einen Backside 180 in der Fakie-Fußstellung. Sprich, man fährt in der gewohnter Stance, jedoch rückwärts in die entgegengesetzte Fahrtrichtung. Der Vorteil bei einem Fakie 180 liegt darin, dass die Landung und Ausfahrt wieder in normaler Fußstellung /Fahrtrichtung erfolgt. Dies vereinfacht die Ausführung eines Halfcabs für Anfänger, im Gegensatz zu einem normalen 180 in der Fahrt.

Bewegungsbeschreibung in Phasen:

1. Die Fußstellung ist ähnlich wie bei einem Backside 180, nur in entgegengesetzter Fahrtrichtung (Bilder 1-3).
   Die Schultern und Arme werden vor dem Absprung leicht nach hinten gedreht, um genug Schwung für die Backsidedrehung zu erzeugen.

2. Beim Absprung werden die Schultern dann in Fahrtrichtung nach vorne gedreht. Dabei poppt man wie beim Backside 180 mit dem hinteren Fuß ab und zieht mit dem hinteren Fuß das Board in Fahrtrichtung (Bilder 4-5).

3. In der Luft sollte man am höchsten Punkt wieder bei etwa 90 Grad stehen. Diesmal springt man mit der Körpervorderseite in Fahrtrichtung (Bilder 6-7). Das Anziehen der Beine zum Oberkörper hilft dabei, die volle Rotation vor der Landung zu erreichen.

4. Bei der Landung wieder auf die Grundposition achten und mit beiden Füßen auf den Schrauben landen. Das Abfedern gelingt hier wieder durch Anwinkeln der Knie (Bilder 8-11). Der Oberkörper und der Körperschwerpunkt sollte wieder zentral über dem Board stehen, damit man nach dem Halfcab nicht in Rückenlage gerät.

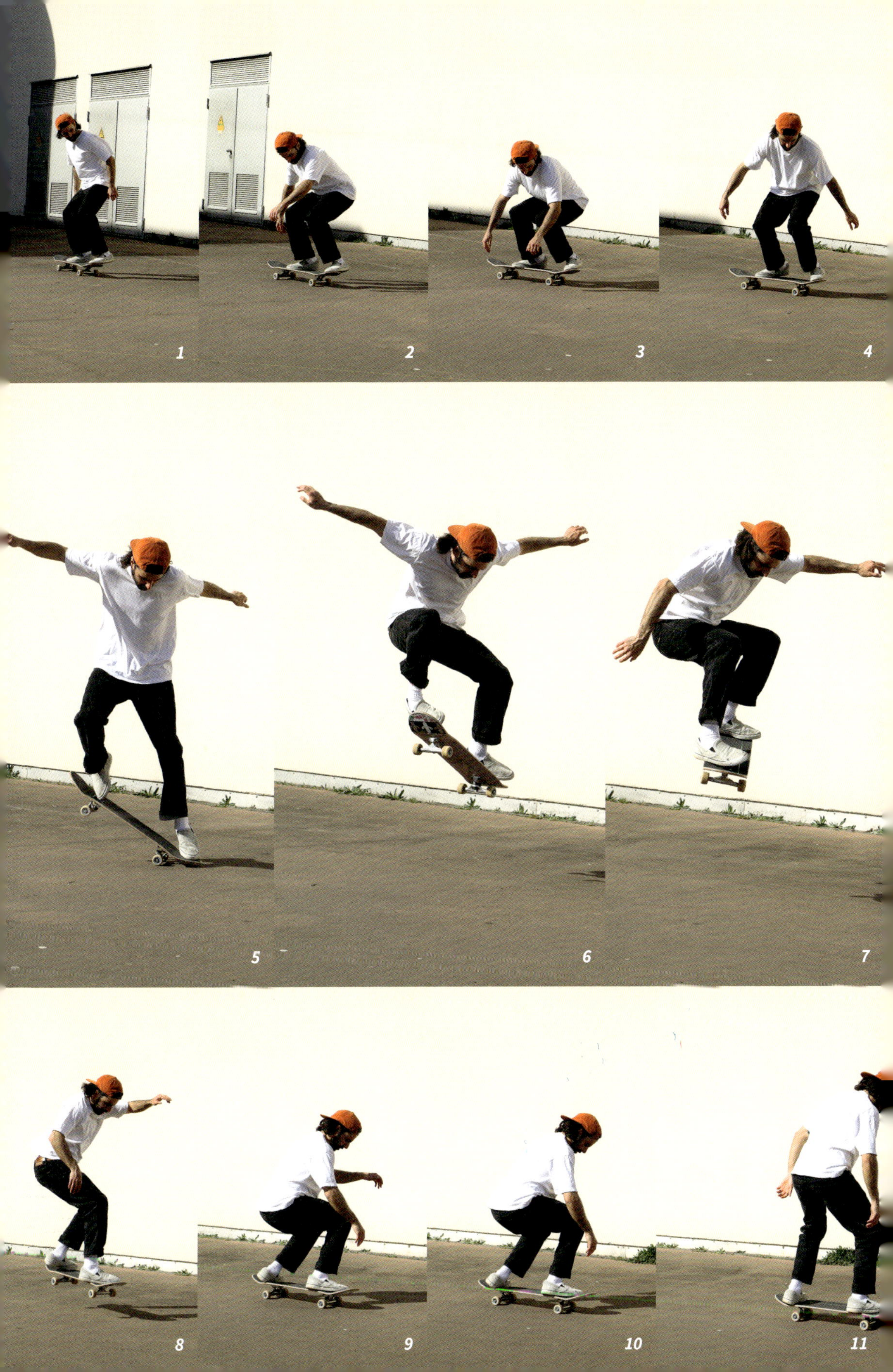
1
2
3
4
5
6
7
8
9
10
11

5.8 KICKFLIP

Video Kickflip

Der *Kickflip* ist der wohl bekannteste Trick, der mit dem Skateboard assoziiert wird. Hierbei springt man mit dem Board wie beim Ollie hoch und „kickt" den vorderen Fuß in der Flugphase seitlich raus, sodass sich das Board einmal um die Längsachse dreht. Nach Vollendung der Drehung fängt man das Board mit den Füßen in der Luft und landet wieder darauf.

Der Kickflip gehört zu den „Fliptricks" und ist einer der anspruchsvollsten ersten Tricks. Genau wie beim Ollie bauen sehr viele Tricks auf diesem auf. Er bildet die Grundlage für viele Tricks, bei dem sich das Board um die Längsachse dreht und dient somit als Türöffner für Fliptricks. Erfunden hat ihn in den 1980er-Jahren Rodney Mullen, der damit das Streetskaten auf ein ungeahntes Level brachte (von Krosigk, 2014).

Wie bei einigen anderen Tricks muss hier viel Zeit und Arbeit investiert werden, um die Technik des Kickflips zu beherrschen. Je schwieriger ein Trick ist, desto mehr muss man sich zu Beginn Zeit nehmen, um ihn zu üben. Doch wenn dies einmal geschafft ist, kann man den Kickflip mit den verschiedenen Tricks aus diesem Kapitel kombinieren.

Aus einer Kombination von Pop-Shove-It und Kickflip kann ein „Varial Kickflip" geschöpft werden. Ein 180-Grad-Sprung, kombiniert mit einem Kickflip, ergibt einen Fs/Bs 180-Kickflip (Kurz Fs Flip/Bs Flip). Die Variationen können hier immer weitergehen! Fleißig weiterüben und der Kreativität genug Platz geben, ist die Devise!

Bewegungsbeschreibung in Phasen:

1. Das Anfahren ist wie beim Ollie mit parallelen Schultern zum Board. Die Fußstellung ist ähnlich, allerdings steht der vordere Fuß etwas spitzer nach vorne und etwas näher an der Kante in Richtung der Ferse (Bilder 1-2).
   Bei der Platzierung des vorderen Fußes gehen die Meinungen etwas auseinander. Die optimale Fußstellung beim Kickflip variiert also von Person zu Person. Ausprobieren ist hier die Devise!

2. Beim Absprung wie beim Ollie den vorderen Fuß nach vorne ziehen (Bilder 3-4).

3. Jetzt kommt der wichtigste Punkt beim Kickflip: Der vordere Fuß wird nach vorne über die Kante der Nose hinausgezogen. Ein Abwinkeln des Fußgelenks ist wünschenswert, aber kein Muss. Durch Strecken des Ziehfußes nach vorne wird das Board geflippt. Diese Bewegung des Fußes wird auch als *Flick* bezeichnet (Bild 5).

4. Sobald sich das Board einmal um die Längsachse gedreht hat, fängt man das Board wieder mit beiden Füßen. Der „Catch"-Moment erfolgt (Bild 6).

5. Bei der Landung wieder auf die Grundposition achten und mit beiden Füßen auf den Schrauben landen. Das Abfedern gelingt hier wieder durch das Anwinkeln der Knie (Bilder 7-9).

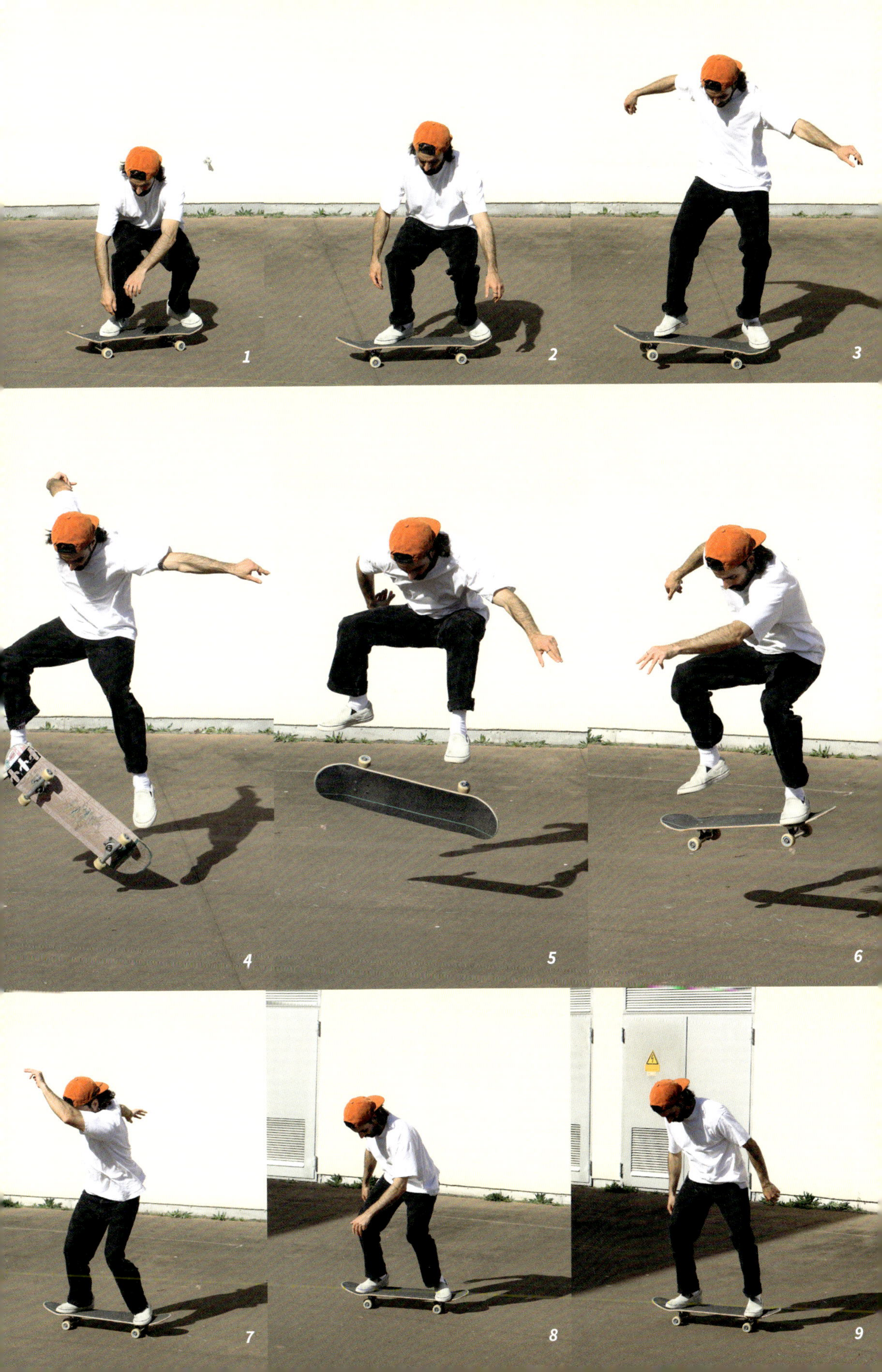
1
2
3
4
5
6
7
8
9

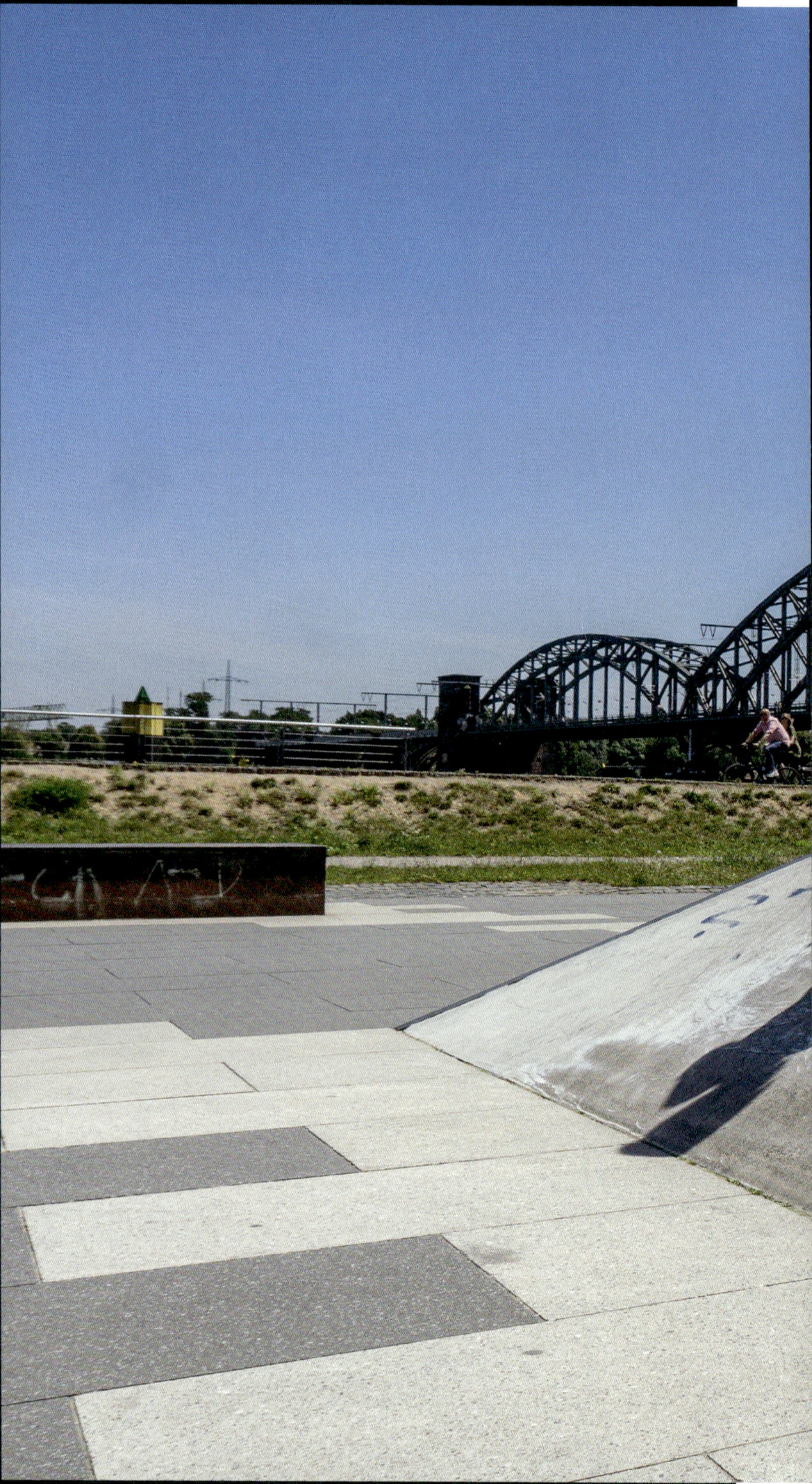

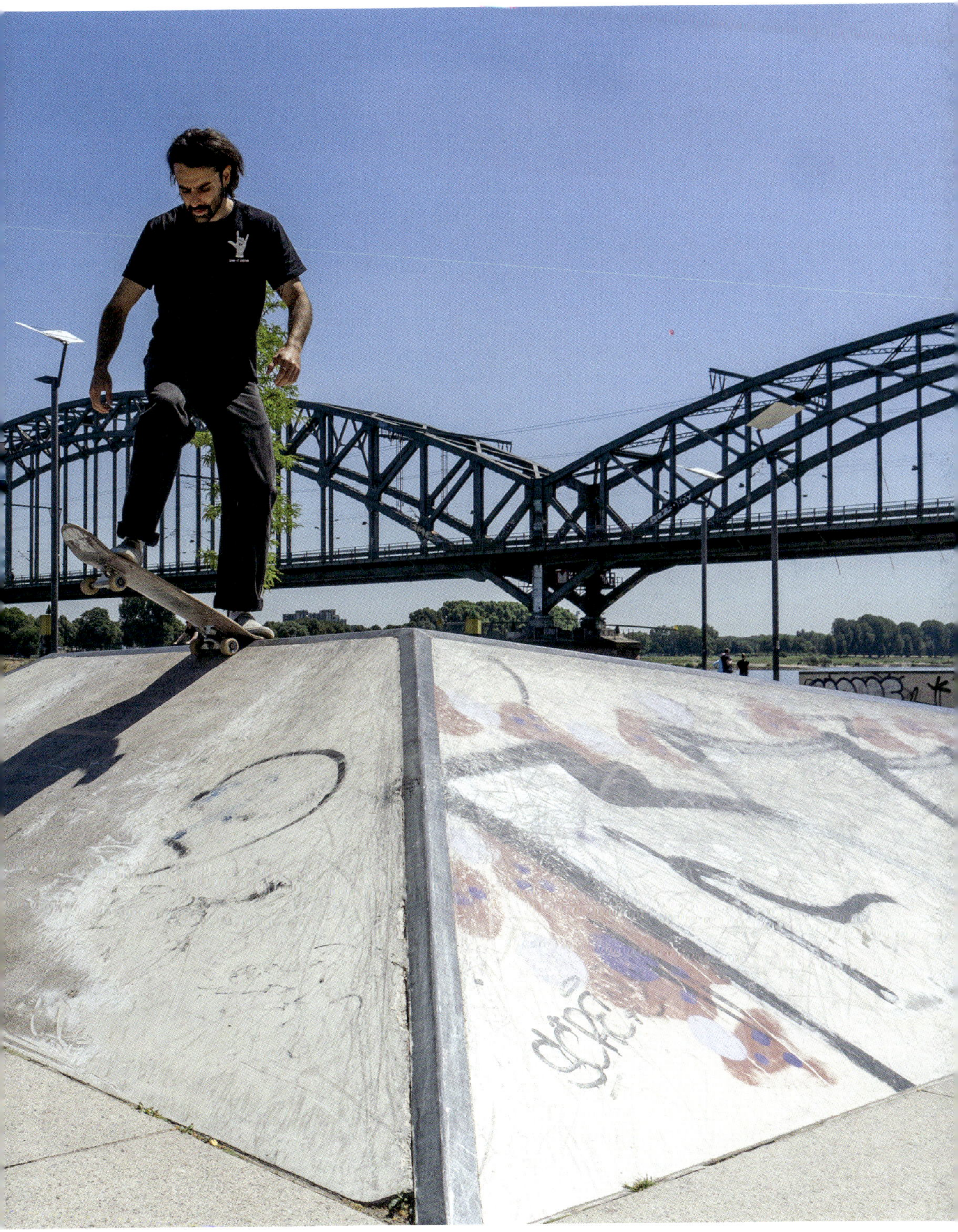

6.1 DROP-IN

Der *Drop-in* bezeichnet eine Technik, mit der man eine Rampe hinunterfährt. Diese Technik ist Grundvoraussetzung für die meisten Tricks an einer Rampe. Die Rampe kann dafür unterschiedliche Formen haben. Etwa eine Schräge (Bank), eine Quarterpipe oder eine Schüsselform wie bei einem Bowl/Pool. Die Technik beim Drop-in in eine Rampe folgt dabei immer dem gleichen Bewegungsablauf.

Bewegungsablauf in Phasen:

1. Man steht zunächst mit dem hinteren Fuß auf dem Tail, welches auf die obere Kante einer Rampe gestellt wird (Bild 1). Diese Kante ist häufig in Form einer Röhre und wird auch als *Coping* bezeichnet. Sie kann, wie in diesem Beispiel, aber auch eine flache Metallkante sein. Der vordere Fuß steht dabei noch auf dem Podest (auch *Table* genannt).

2. Als Nächstes wird der vordere Fuß auf die vorderen Schrauben gestellt. Er steht damit parallel zum hinteren Fuß (Bild 2). Das Gewicht bleibt jedoch weiter auf dem hinteren Fuß. Das hintere Bein ist durchgestreckt, das vordere Bein ist leicht angewinkelt.

3. Nun folgt der Moment des Überwindens. Dieser wird eingeleitet, indem der Körperschwerpunkt nach vorne in Fahrtrichtung verlagert wird. Der vordere Fuß drückt dabei das Board nach unten in die Rampe hinein. Gleichzeitig lehnt man sich mit dem Oberkörper nach vorne, um die Verlagerung des Körperschwerpunkts zu unterstützen (Bilder 3-5). Hier gilt, je deutlicher man sich nach vorne lehnt, desto sicherer fährt man die Rampe runter.

4. Beim Ausfahren des Drop-ins unterstützt eine leichte Hocke, um das Gleichgewicht halten zu können. Zudem sollte der Körperschwerpunkt immer noch leicht nach vorne verlagert sein (Bilder 6-10).

Nützliche Tipps:

Der Drop-in erfordert ein hohes Maß an Konzentration und sollte so häufig wie möglich an unterschiedlichen Rampen geübt werden. Ein unaufmerksamer Moment genügt für einen Sturz in eine Rampe, der zu mentalen Blockaden führen kann.

Falls es zu einer mentalen Blockade kommen sollte, kann eine Hilfestellung durch eine andere Person wieder zu mehr Sicherheit führen. Dabei sollte man wieder Schritt für Schritt vorgehen und versuchen, immer ein bisschen weniger Hilfe in Anspruch zu nehmen.

Beispiel: Drop-in erst mit Festhalten an beiden Händen der helfenden Person. Danach nur noch mit einer helfenden Hand. Anschließend dann ohne Festhalten, aber dennoch mit der helfenden Person in unmittelbarer Nähe, um die skatende Person noch absichern zu können. Wenn diese Schritte befolgt werden, wird die mentale Blockade des Tricks schnellstmöglich wieder abgebaut.

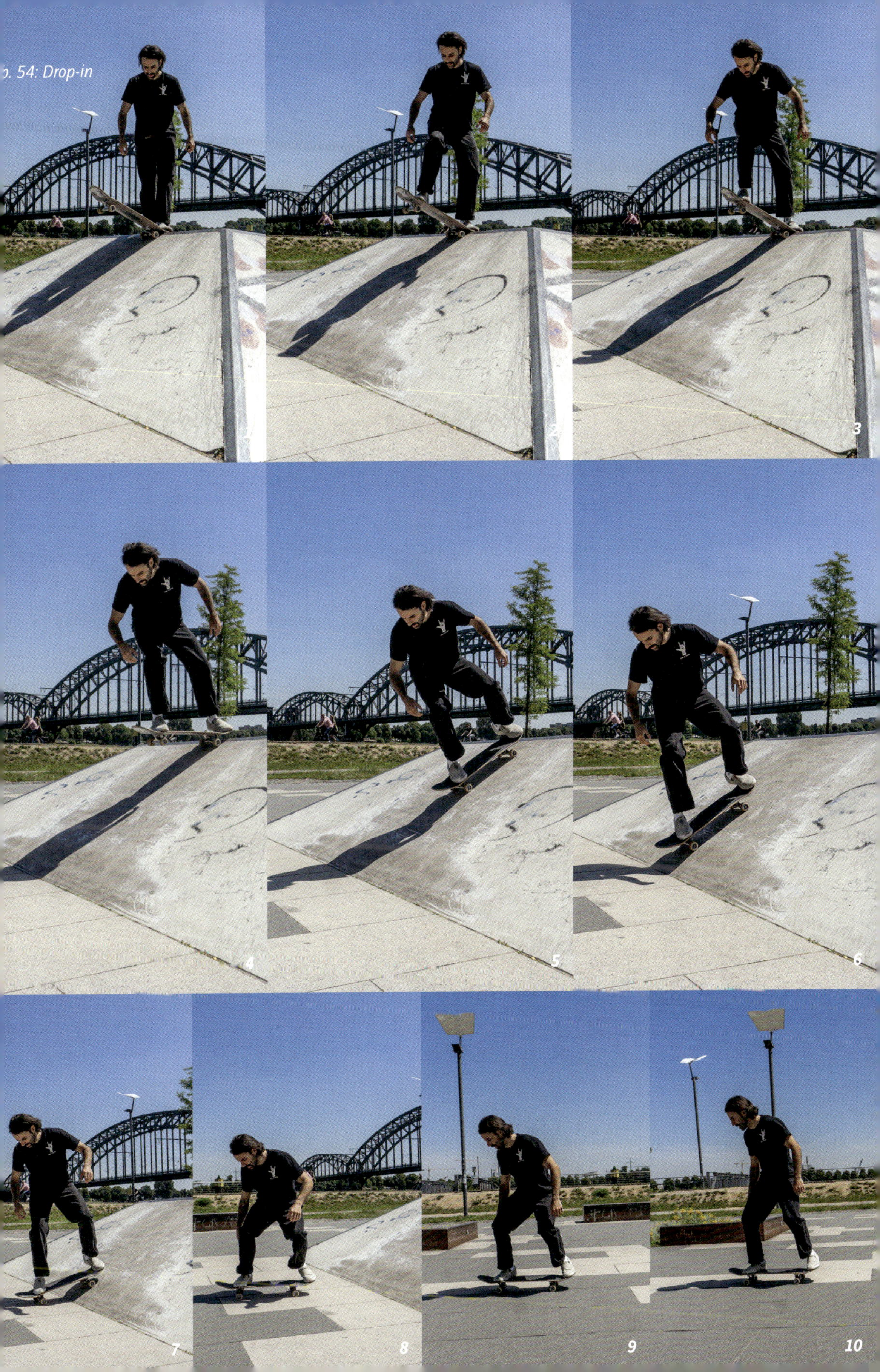

b. 54: Drop-in

6.2 EINE STUFE HINUNTERFAHREN

Unabhängig davon, ob das primäre Ziel für das Skateboardfahren die einfache Fortbewegung, das Fahren in Rampen oder das Skaten im Streetbereich ist, stellt das Hinunterfahren einer Treppenstufe einen essenziellen Trick dar.

Auch wenn man es zunächst nicht vor Augen hat, taucht eine Stufe auch häufig im Alltagsbereich auf, zum Beispiel als Bordsteinkante in einer Fußgängerzone. Um hier nicht jedes Mal vom Board absteigen zu müssen, bieten sich dafür zwei Techniken an.

Technik 1

Hinunterfahren

Die erste Variante, um eine Stufe oder einen Bordstein mit dem Skateboard zu bewältigen, ist die Stufe einfach hinunterzurollen. Das ist fast so simpel, wie es klingt, wenn man zwei Dinge dafür beachtet.

Zunächst die Fußstellung. Hierbei soll der vordere Fuß auf den vorderen Schrauben stehen und der hintere Fuß ganz hinten auf dem Tail, sodass es einfach wird, das ganze Körpergewicht nach hinten zu verlagern (Bilder 1-4).

Damit ist auch der zweite Aspekt angeschnitten. Kurz bevor man die Stufenkante erreicht, sollte das ganze Körpergewicht bereits auf dem hinteren Bein lasten. Das klappt am besten, indem man einen lockeren Stand mit angewinkelten Knien auf dem Skateboard hat. Nun kann man in dieser federnden Position mit auf dem Tail lastenden Körperschwerpunkt die Stufe hinunterrollen (Bilder 5-7).

Sobald man die Stufe hinuntergerollt ist und im Flatbereich wieder auf allen vier Rollen weiterfährt, sollte der Körperschwerpunkt wieder über das gesamte Board verteilt werden (Bilder 8-9).

Diese Technik ist nur bei einer niedrigen Stufe wie bei einem gängigen Bordstein möglich, da man sonst beim Hinunterfahren mit der Nose in den Boden sticht und nicht mehr ausfahren kann. Bei allen anderen Stufen oder Erhöhungen eignet sich die Technik 2, bei der man Stufen/Gaps hinunterhüpft.

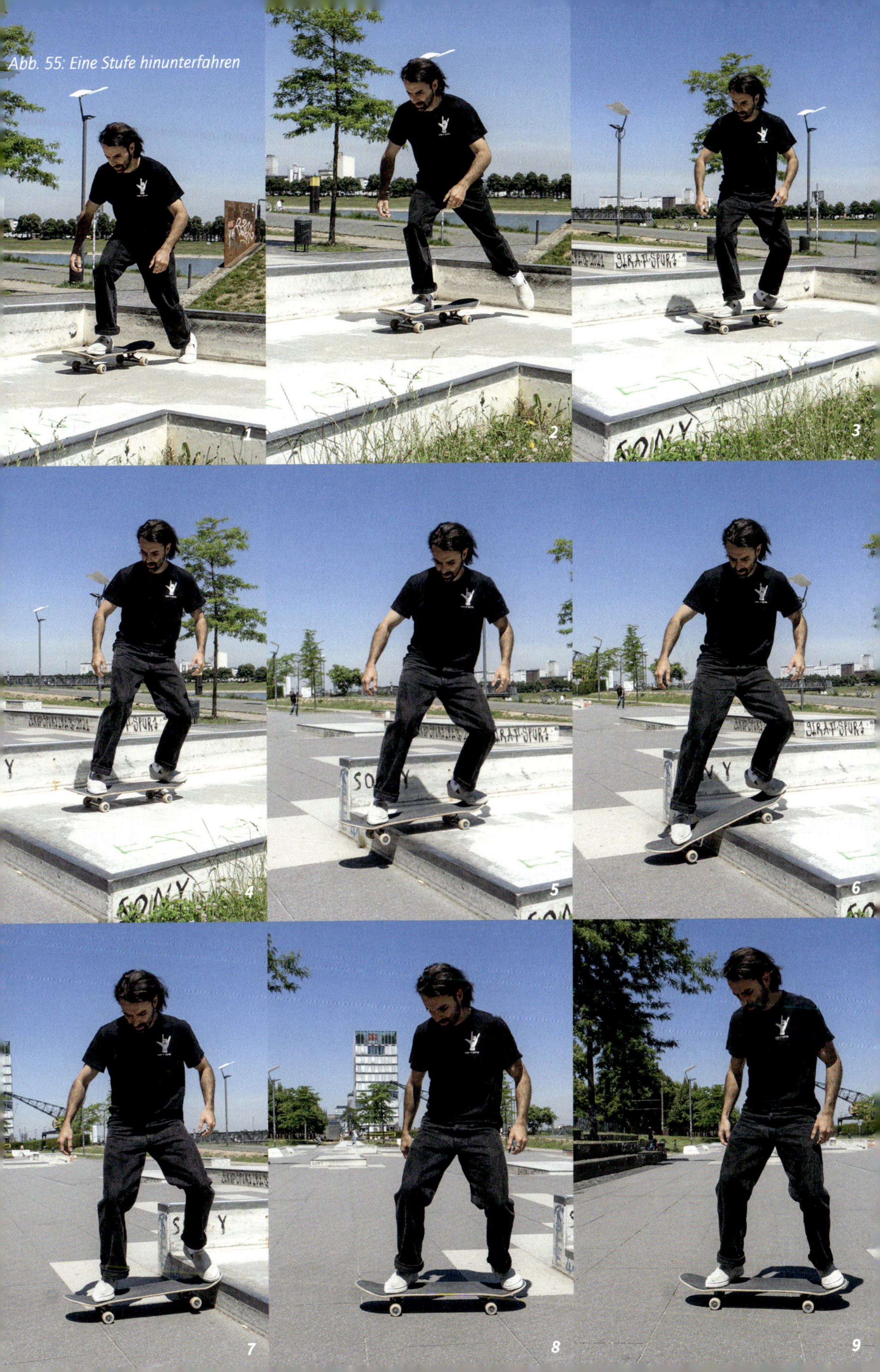

Abb. 55: Eine Stufe hinunterfahren

Technik 2

Hinunterhüpfen

Spätestens, wenn der Bordstein etwas höher wird, oder man anfangen möchte, mit dem Skatboard mehrere Stufen zu bewältigen, kommt die Technik des Hinunterhüpfens infrage. Diese ähnelt dem Ollie, ist aber technisch nicht so anspruchsvoll und kann daher auch vor dem Ollie schon gelernt werden.

Die Fußstellung ist wie beim normalen Hinunterrollen, also mit dem vorderen Fuß auf den vorderen Schrauben und dem hinteren Fuß auf dem Tail (Bilder 1-3).

Sobald man die Stufenkante erreicht, sollte das ganze Körpergewicht auf dem hinteren Bein lasten. Hierfür steht man mit angewinkelten Knien in einer federnden Position auf dem Skateboard (Bild 4).

Beim Absprung drückt man mit dem hinteren Fuß die Tail runter, während man das Board mit einer leichten Hüpfbewegung in eine kurze Flugphase bringt (Bilder 5-6).

Sobald man die Stufe heruntergehüpft ist, sollte man im Flatbereich auf allen vier Rollen gleichzeitig landen. Der Körperschwerpunkt ist ab da an also wieder über dem gesamten Board verteilt (Bilder 7-9).

Mit dieser Technik kann man im Grunde jede Erhöhung oder Stufen hinunterspringen. Vorausgesetzt, man erreicht eine gewisse Geschwindigkeit, um auch längere Stufen mit dem Sprung zu bewältigen.

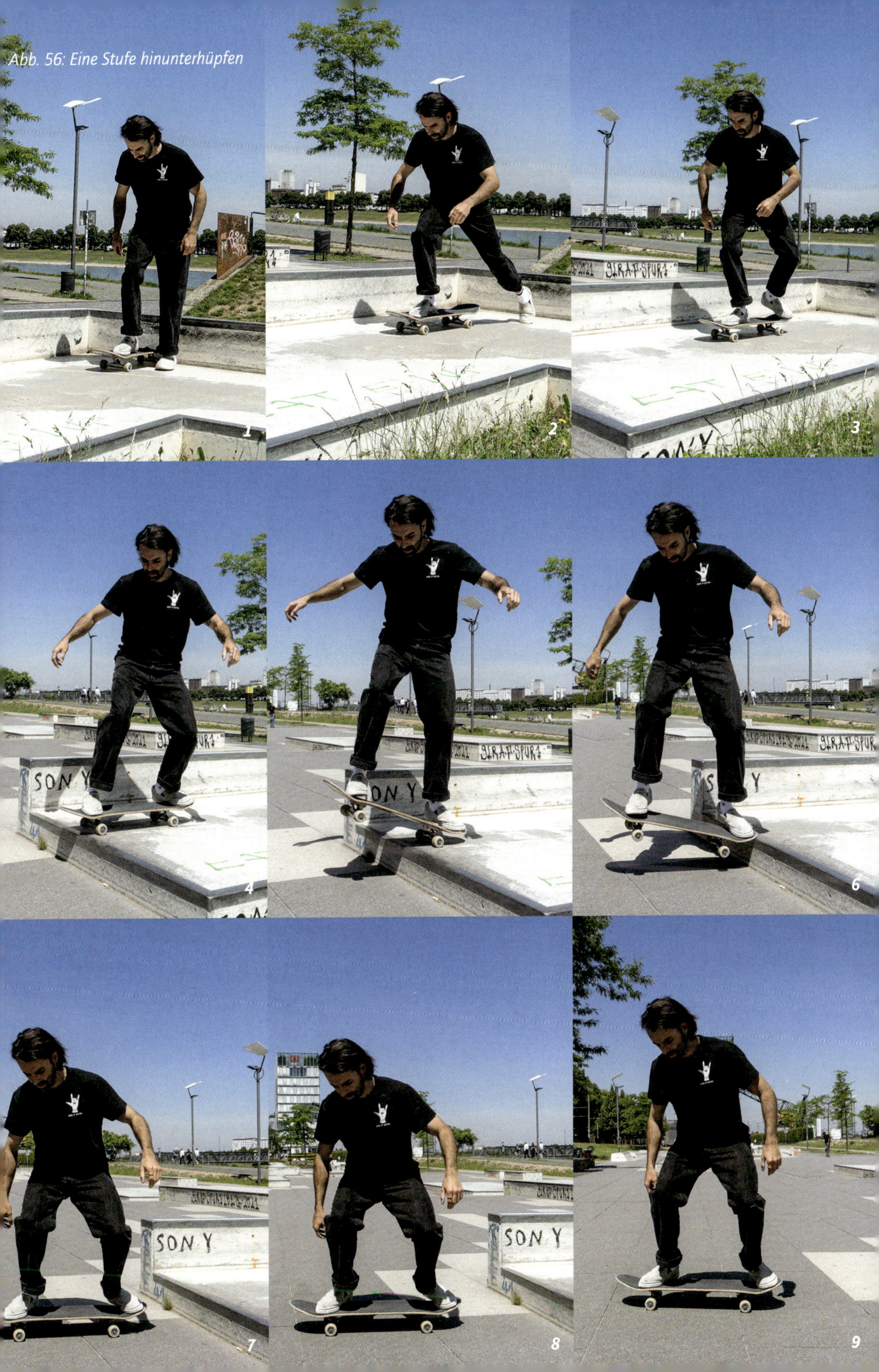

Abb. 56: Eine Stufe hinunterhüpfen

6.3 EINE STUFE HOCHFAHREN

Wenn man eine Stufe hinaufkommen möchte, die Fähigkeiten des Ollies aber noch nicht ausreichen, um diese hochzuspringen, eignet sich die Technik des Hochfahrens bzw. des Hochhebelns. Hierbei braucht man schon ein wenig Boardgefühl und die Fähigkeit, das Gleichgewicht in verschiedenen Positionen halten zu können. Bei dieser Technik erfolgen nämlich einige aufeinanderfolgende Bewegungen, die man schnell mit den Füßen ausführen muss.

Zunächst muss man die richtige Fußstellung einnehmen, die in diesem Fall in einer speziellen Reihenfolge verläuft.

Bewegungsbeschreibung in Phasen:

1. In normaler Fußstellung pushen, die Grundposition einnehmen, der hintere Fuß stellt sich auf das Tail, der vordere Fuß schiebt sich auf die Nose (Bilder 1-6).

2. Kurz vor der Stufe wird mit Druck des hinteren Fußes auf das Tail die Nose angehoben. Nun ist die Nose oben auf der Stufe (Bilder 7-9).

3. Unmittelbar nachdem man mit dem vorderen Teil des Boards auf die Stufe hinaufgekommen ist, hebelt man nun den hinteren Teil des Boards, durch ein Drücken des Vorderfußes auf die Nose, auf die Stufe hinauf (Bild 10).

4. Gelassen ausfahren und den kleinen Schritt auf ein höheres Level genießen (Bilder 11-12).

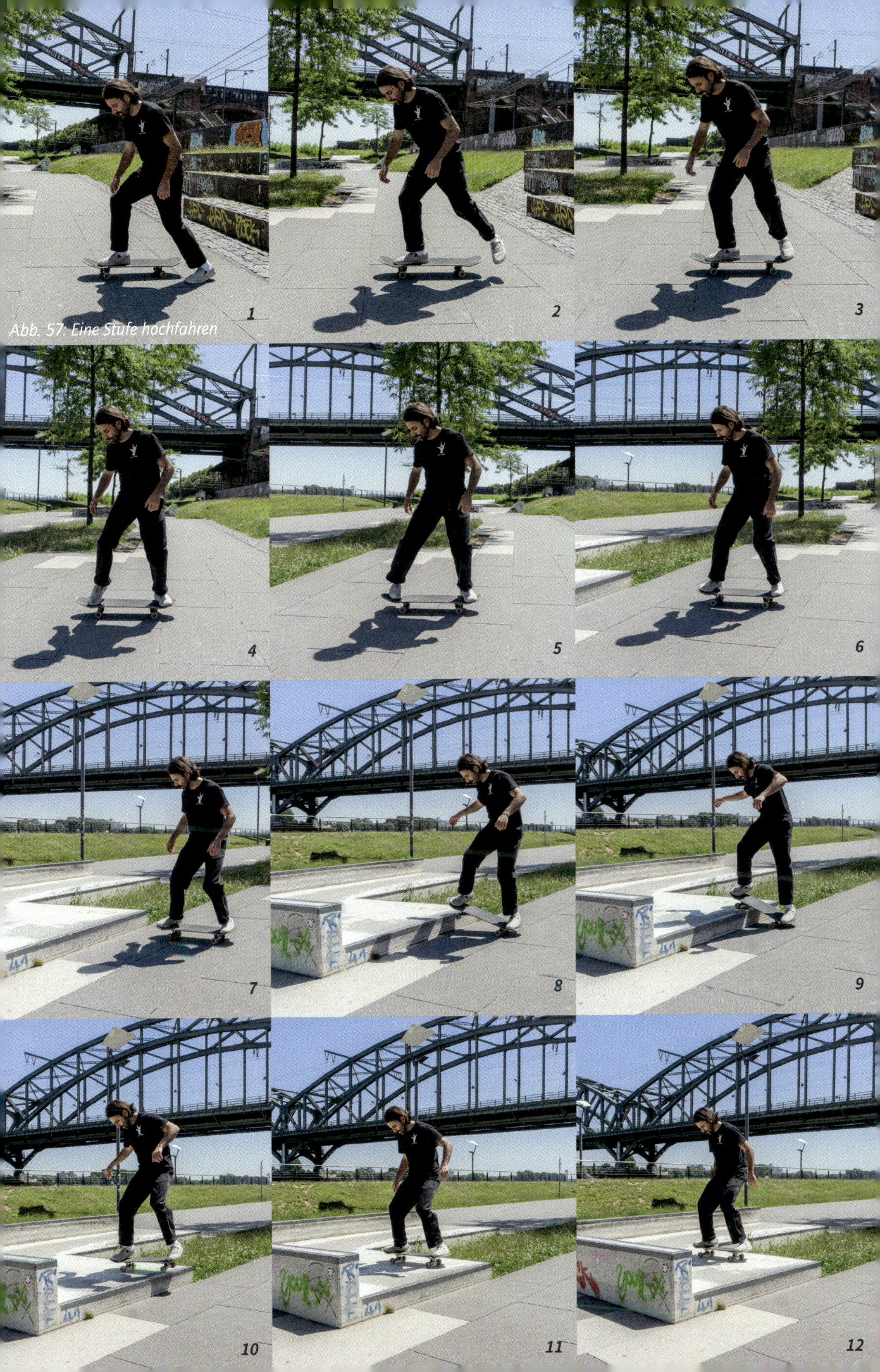

Abb. 57: Eine Stufe hochfahren

6.4 HIPPIE JUMP

Video Hippie Jump

Der *Hippie Jump* gleicht einem Hochsprung beim Skaten und war bis in die 1980er-Jahre sogar eine eigene Disziplin im Skateboarden (von Krosigk, 2014). Der Trick lässt sich an einer Stange, Schranke oder sonstigem Hindernis durchführen, wo ein Board drunter durchrollen kann. Ein beliebter Trick, wofür man keinen Ollie braucht.

Bewegungsbeschreibung in Phasen:

1. In der Grundposition auf das Obstacle zufahren und in die Knie gehen, um sich auf den Absprung vorzubereiten (Bilder 1-2).

2. Beim Absprung wird das Board durch einen Impuls aus den Beinen nach vorne unter die Stange geschoben, während man mit einem Sprung nach oben über die Stange springt (Bilder 3-5).

3. Aus der Luft das Board anvisieren, um mit beiden Beinen wieder in der Grundposition zu landen (Bilder 6-7).

4. Beim Landen auf den Schrauben in die Knie gehen, um den Sprung gediegen abzufedern (Bilder 8-10).

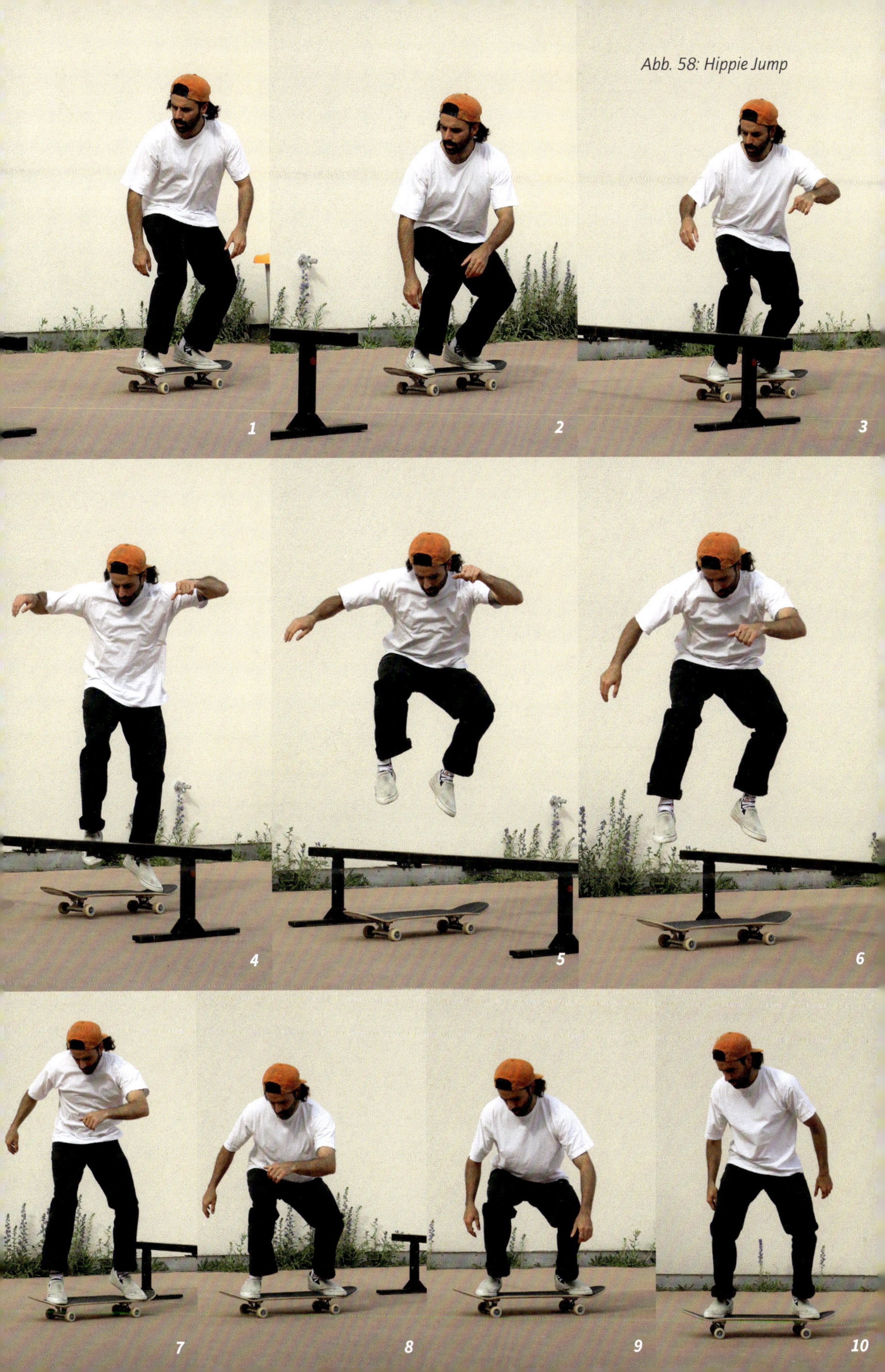

Abb. 58: Hippie Jump

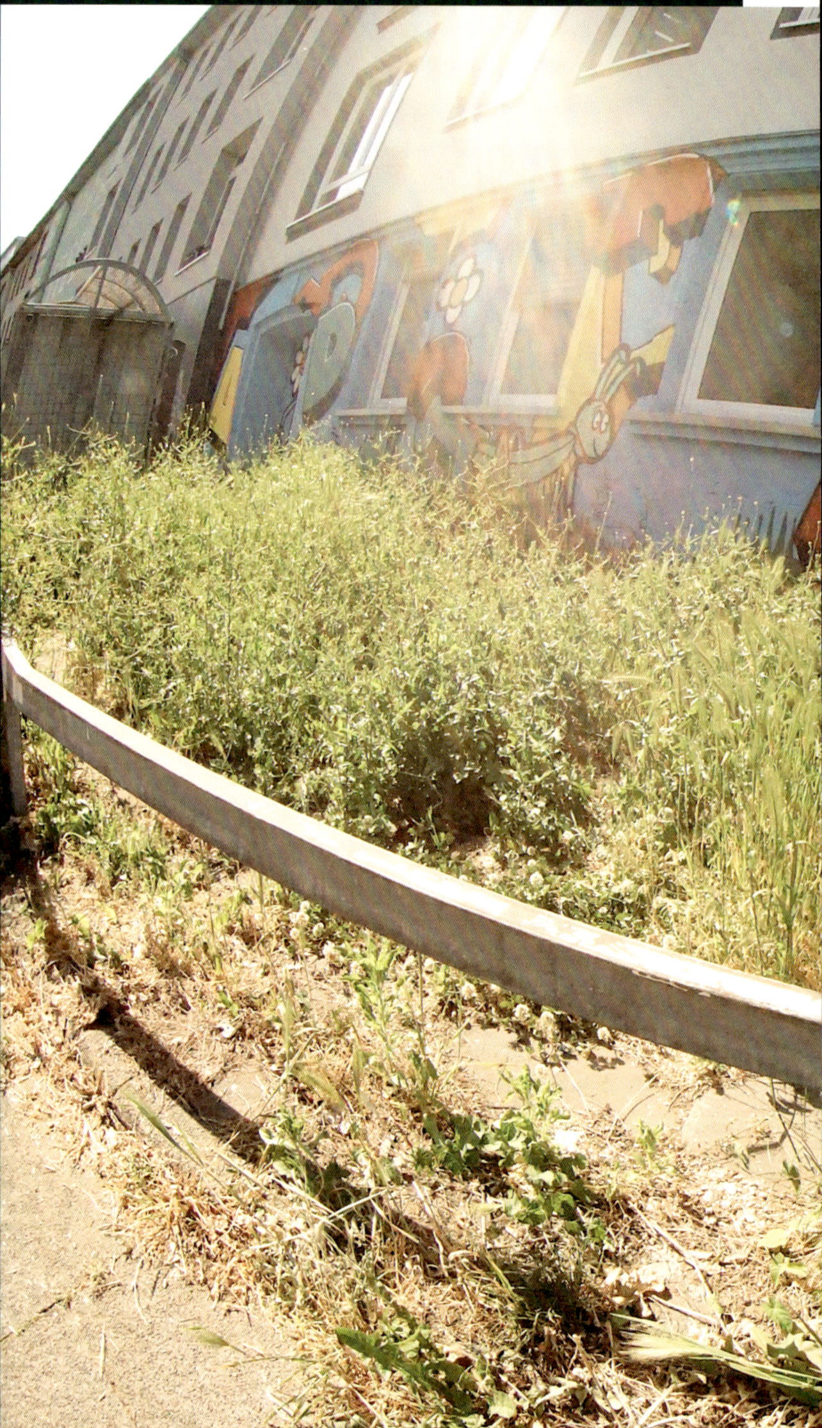

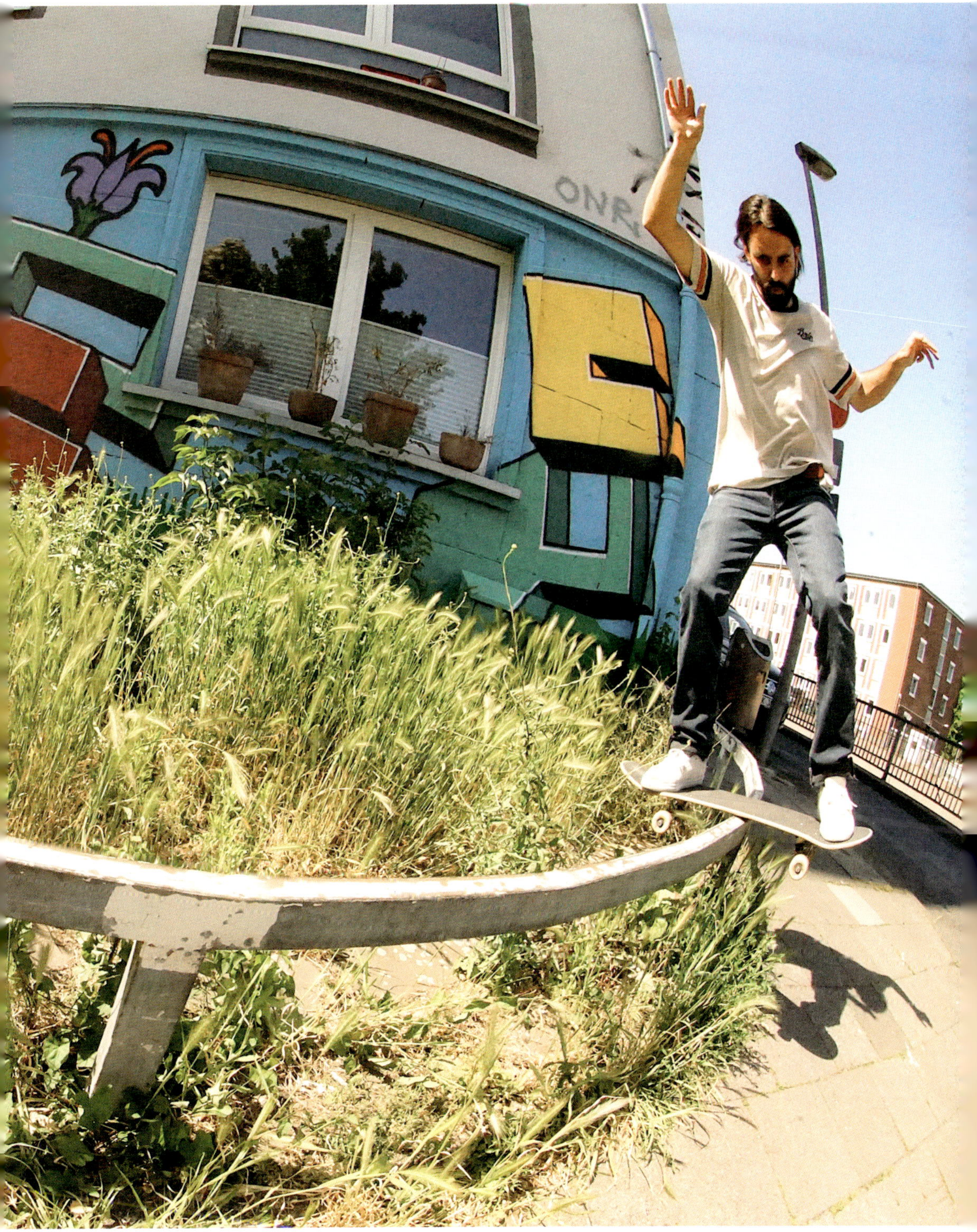

Für Grinds und Slides sollte man grundsätzlich den Ollie in der Fahrt beherrschen, um den Höhenunterschied vom Flat auf das Obstacle bewältigen zu können. Grinds und Slides können sowohl Frontside als auch Backside ausgeführt werden, je nachdem, ob du mit der Körpervorderseite oder Körperrückseite zum Obstacle anfährst.

7.1 50-50 GRIND

Video Fs 50 50

Der *50-50* ist der Einstiegstrick für alle Variationen von Grinds, also Tricks, bei denen man mit den Achsen über eine Kante oder Stange rutscht. Er bildet somit die Basis für alle weiteren Grinds. Hierbei balanciert man mit beiden Achsen (50 Prozent auf der einen, 50 Prozent auf der anderen Achse) über dem Obstacle.

Dieser Trick kann sowohl an einem Curb/einer Ledge, als auch an einem Rail gemacht werden. An einem Rail ist er deutlich schwieriger, da die Rollen dann nicht zusätzlich aufliegen und man ausschließlich auf den Achsen balancieren muss.

Für den Anfang bietet sich der Frontside 50-50 an, da das Obstacle dann vor einem steht, was das Anvisieren beim Draufspringen erleichtert. Hier wird ein Fs 50-50 an einem Curb demonstriert.

Bewegungsbeschreibung in Phasen:

1. Die Fußstellung für den Ollie vorbereiten und parallel zum Curb anfahren. Die Schultern sollten hier stets gerade und parallel über dem Board gehalten werden (Bilder 1-2).

2. Beim Absprung die Kante des Obstacles mit beiden Achsen anvisieren und etwas höher als das Curb springen, damit die Höhe des Curbs sicher erreicht wird (Bilder 3-4).

3. Beim Aufsetzen auf dem Curb sollten die Knie leicht angewinkelt sein. Der Körperschwerpunkt lastet ein wenig mehr auf der Hinterachse. Damit wird der Grind begünstigt, falls das Curb nicht gut rutscht bzw. nicht eingewachst ist. Der Vorderfuß steht beim Grind auf den vorderen Schrauben und der hintere Fuß etwas weiter in Richtung Tail, um das Rausgehen aus dem Grind zu vereinfachen (Bilder 5-6).

4. Sobald das Ende des Curbs naht, wird eine leichte Ollie-Bewegung ausgeführt, damit man das Curb kontrolliert aus dem Grind verlassen kann. In gewohnter Grundposition auf den Schrauben landen und den Sprung durch Anwinkeln der Knie abfedern. Glückwunsch zum ersten Grind (Bilder 7-12)!

b. 59: Frontside 50-50

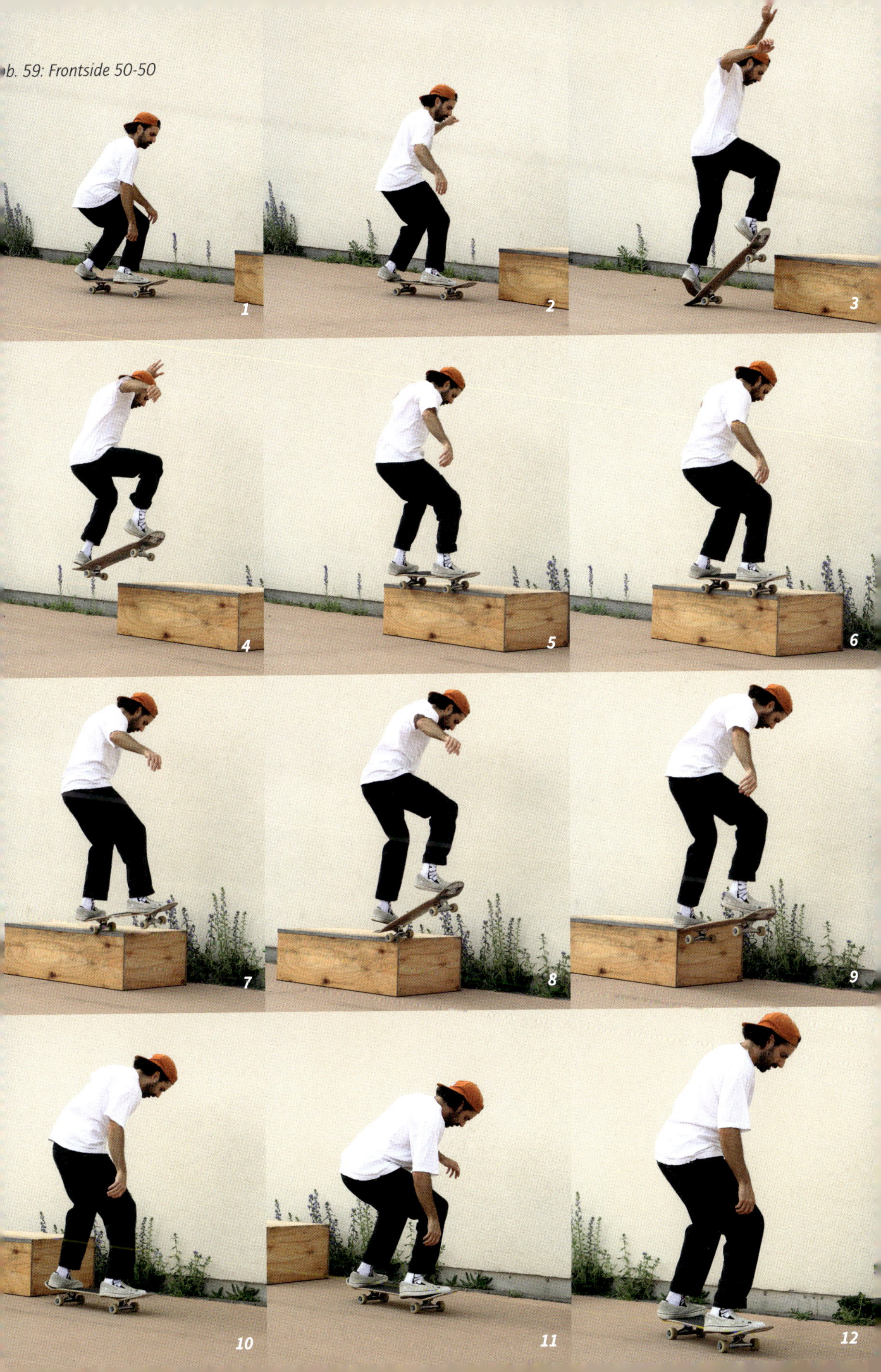

7.2 BS BOARDSLIDE

Video Bs Boardslide

Der *Backside Boardslide* ist ein Einsteigertrick für das Sliden mit dem Board. Hierbei rutscht man mit der Boardmitte über eine Stange oder ein anderes rutschiges Hindernis. Eine Stange eignet sich etwas besser, da man dort beim Slide nicht mit den Rollen hängen bleiben kann. Bevor man den Boardslide übt, sollte der Ollie und der Fs 180 Grad in der Fahrt beherrscht werden.

Bewegungsbeschreibung in Phasen:

1. Parallel mit der Körperrückseite zum Rail anfahren. Die Schultern können hier schon leicht zur Fahrtrichtung geöffnet sein. Die Füße stehen in Ollie-Position, bereit zum Absprung (Bilder 1-2).

2. Beim Absprung wird das Board durch Öffnen von Schultern und Hüfte in Fahrtrichtung auf das Rail in den Slide gedreht. Dabei sollte das Board beim Aufsetzen auf dem Rail nun bei etwa 90 Grad liegen (Bilder 3-4).

3. Um die Balance beim Boardslide kontrollieren zu können, sollten die Füße wie in der Grundposition auf den Schrauben stehen. Die Knie sind angewinkelt, um den Slide zu begünstigen. Der Körperschwerpunkt lastet genau mittig über dem Board, um das Gleichgewicht perfekt halten zu können (Bilder 5-6).

4. Sobald das Ende des Rails erreicht wird, drehen Hüfte und Schulter wieder zurück in die Ausgangsposition (Bilder 7-8).

5. Den Abgang und das Herausdrehen abfedern, indem man in die Knie geht und möglichst auf den Schrauben landet. Gelassen weiterfahren (Bilder 9-10).

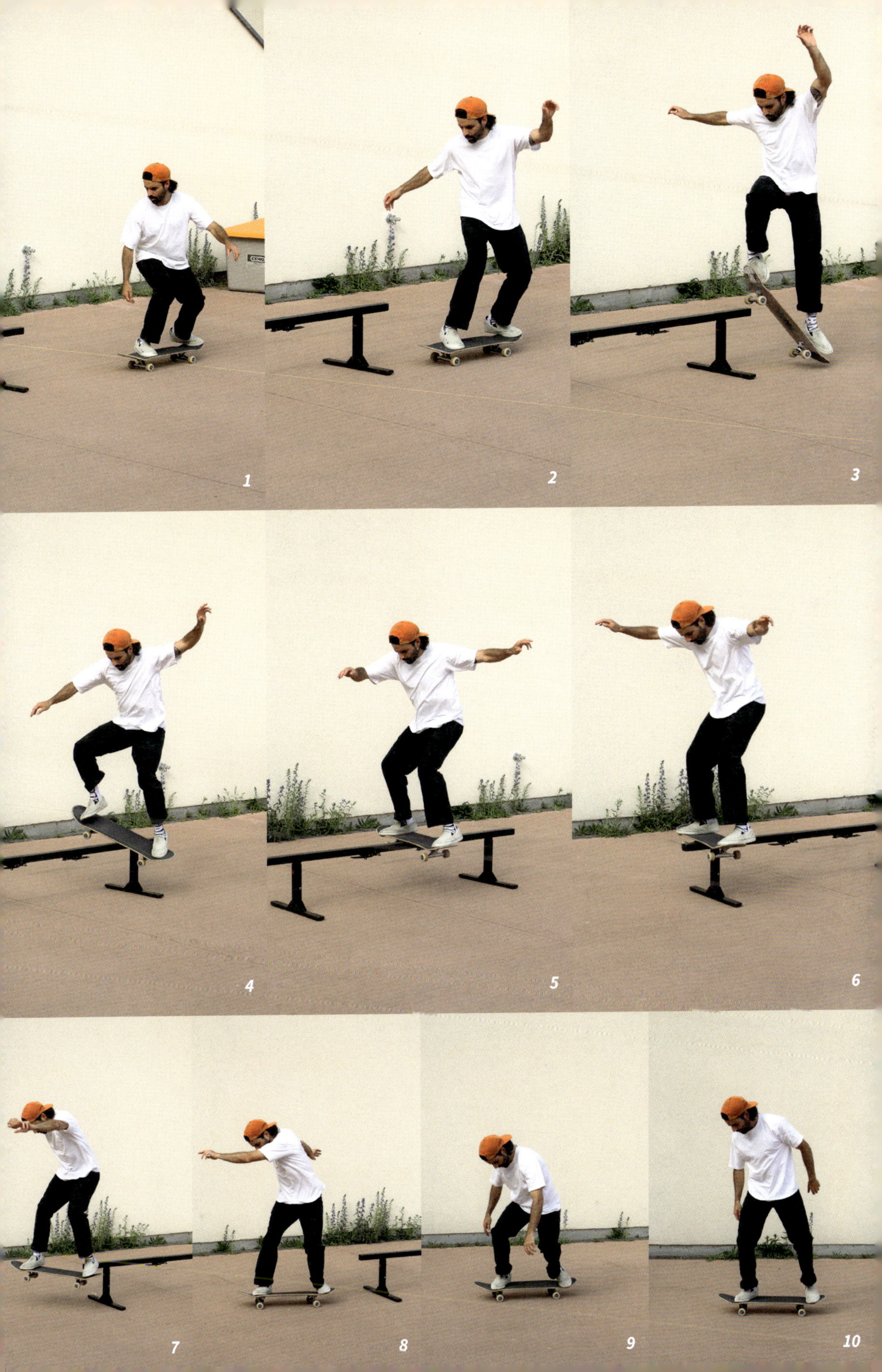
1
2
3
4
5
6
7
8
9
10

7.3 FS BOARDSLIDE

Video Fs Boardslide

Der *Frontside Boardslide* ist eine etwas schwierigere Variante des Boardslides, da man hier „blind" mit der Körperrückseite in Fahrtrichtung rutscht. Dass diese Variante als Frontside bezeichnet wird, mag anfangs verwirrend sein. Bei den Bezeichnungen der Seiten (Frontside/Backside) ist aber immer die Position des Obstacles zur skatenden Person gemeint. Beim Frontside Boardslide befindet sich das Obstacle also vor der Person.

Bewegungsbeschreibung in Phasen:

1. Parallel mit der Körpervorderseite zum Rail anfahren. Die Schultern sind parallel zum Rail. Die Füße stehen in Ollie-Position, bereit für den Absprung (Bilder 1-2).

2. Beim Absprung wird das Board durch das Eindrehen der Hüfte 90 Grad zum Rail in den Slide gebracht. Anders als beim Backside Boardslide bleiben die Schultern möglichst parallel zum Rail. Hierdurch entsteht eine leichte Verwringung von Ober- und Unterkörper, wodurch der Blick in Fahrtrichtung bleiben kann und man sieht, wohin man slidet (Bilder 3-4).

3. Um die Balance auch beim Fs Boardslide kontrollieren zu können, stehen die Füße in gewohnter Grundposition. Die Knie bleiben beim Slide leicht angewinkelt, um den Slide zu begünstigen. Der Körperschwerpunkt bleibt auch hier wieder genau mittig über dem Board, um das Gleichgewicht kontrollieren zu können (Bilder 5-6).

4. Sobald das Ende des Rails erreicht wird, dreht die Hüfte wieder zurück in die Ausgangsposition (Bilder 7-8).

5. Den Abgang und das Herausdrehen abfedern, indem man in die Knie geht und möglichst auf den Schrauben landen. Gelassen weiterfahren (Bilder 9-10).

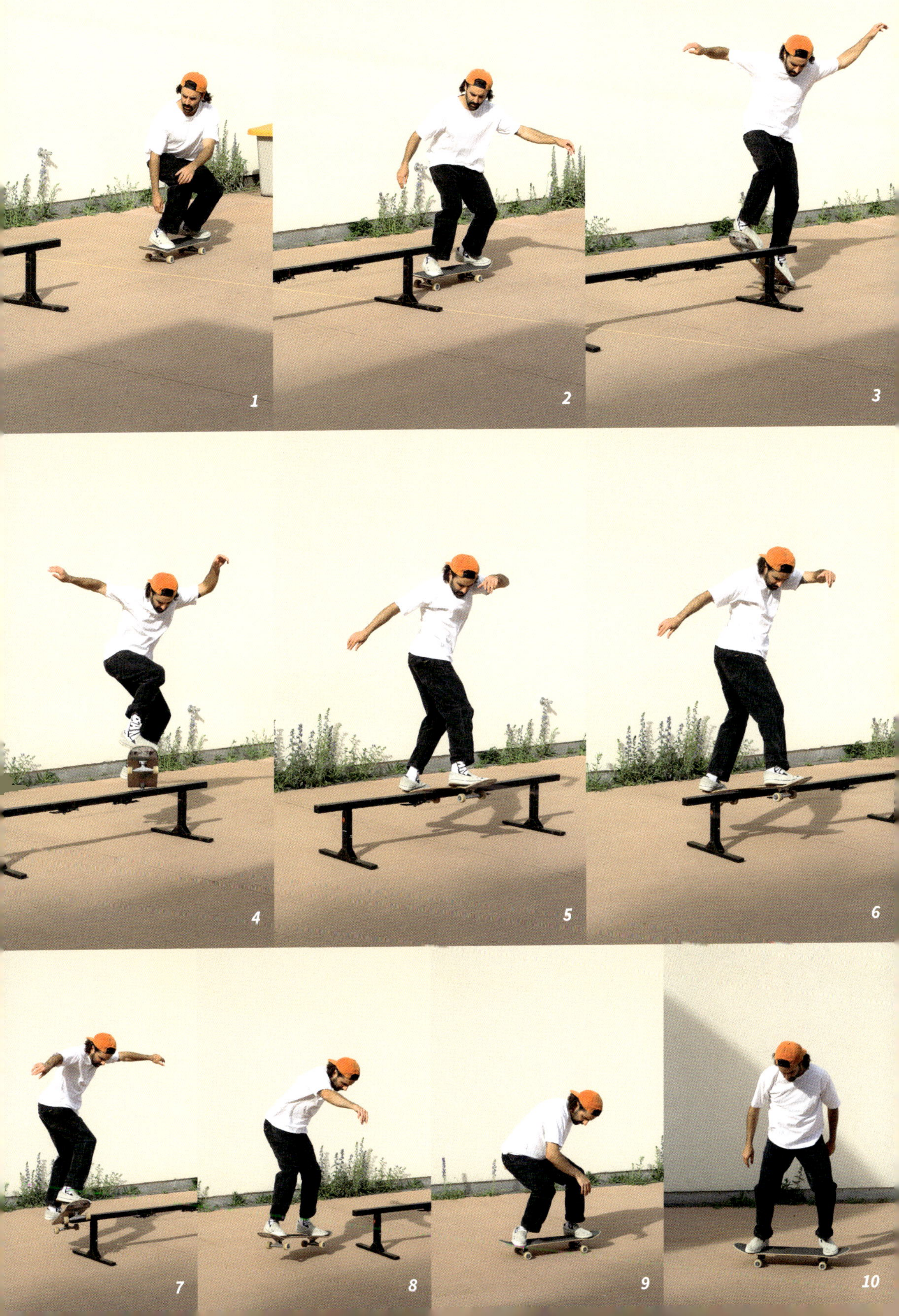

bb. 61: Frontside Boardslide

7.4 BS NOSESLIDE

Video BS Noseslide

Der *Backside Noseslide* ist ein weiterer Einstiegstrick der Slides. Hierbei rutscht man mit der Nose über eine Kante oder über ein Rail. Wenn das Obstacle niedrig genug ist, kann man den Noseslide sogar ohne Ollie machen, indem man die Nose aus der Fahrt auf das Obstacle draufhebelt. Man spricht dann von einem *Slappy Noseslide*. Im Folgebeispiel wird ein Bs Noseslide an einem Curb demonstriert.

Bewegungsbeschreibung in Phasen:

1. Parallel mit der Körperrückseite zum Curb anfahren, während die Kante des Curbs anvisiert wird. Die Füße stehen in Ollie-Position, bereit zum Absprung. Der vordere Fuß kann dabei etwas weiter in Richtung Nose stehen, um den Fuß beim Slide schneller auf die Nose platzieren zu können (Bilder 1-2).

2. Beim Absprung wird die Nose durch das Eindrehen der Hüfte um 90 Grad zum Curb in den Slide gebracht. Das komplette Körpergewicht ist nun auf das vordere Bein verlagert. Der vordere Fuß steht dabei gänzlich auf der Nose, während der hintere Fuß etwa auf den hinteren Schrauben steht (Bilder 3-4).

3. Um die Balance auch beim Noseslide kontrollieren zu können, wird das vordere Knie beim Slide angewinkelt. Die Rutscheigenschaft wird hierdurch begünstigt. Der Körperschwerpunkt liegt auch hier bis zum Ende des Slides über der Nose (Bilder 5-6).

4. Sobald das Ende des Curbs erreicht wird, dreht die Hüfte wieder zurück in die Ausgangsposition, wodurch das Board in Fahrtrichtung geschoben wird (Bild 7).

5. Den Abgang und das Herausdrehen vom Slide abfedern, indem man in die Knie geht und möglichst auf den Schrauben landet (Bilder 8-9).

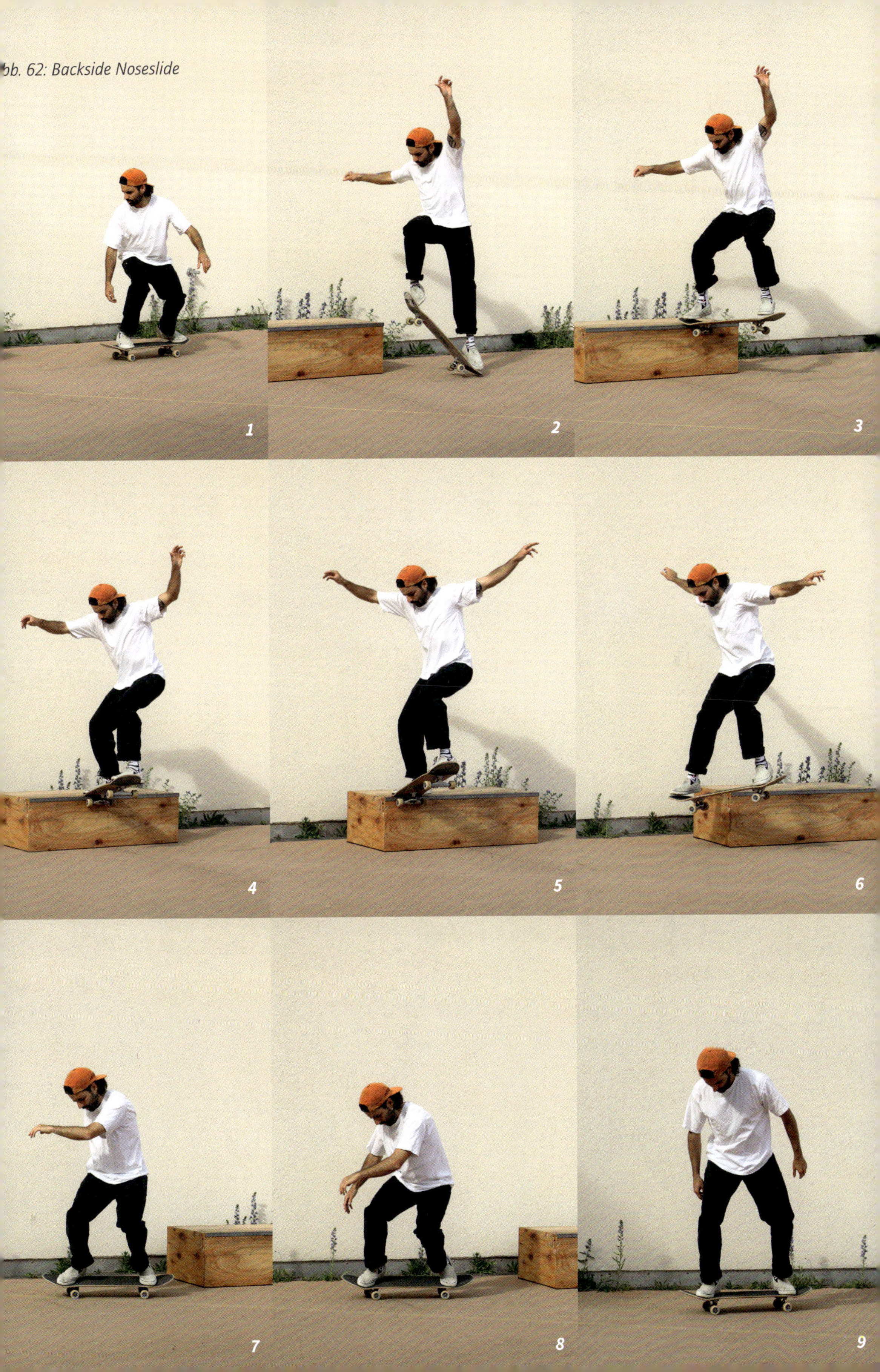

bb. 62: Backside Noseslide

8 VERMITTLUNGSASPEKTE

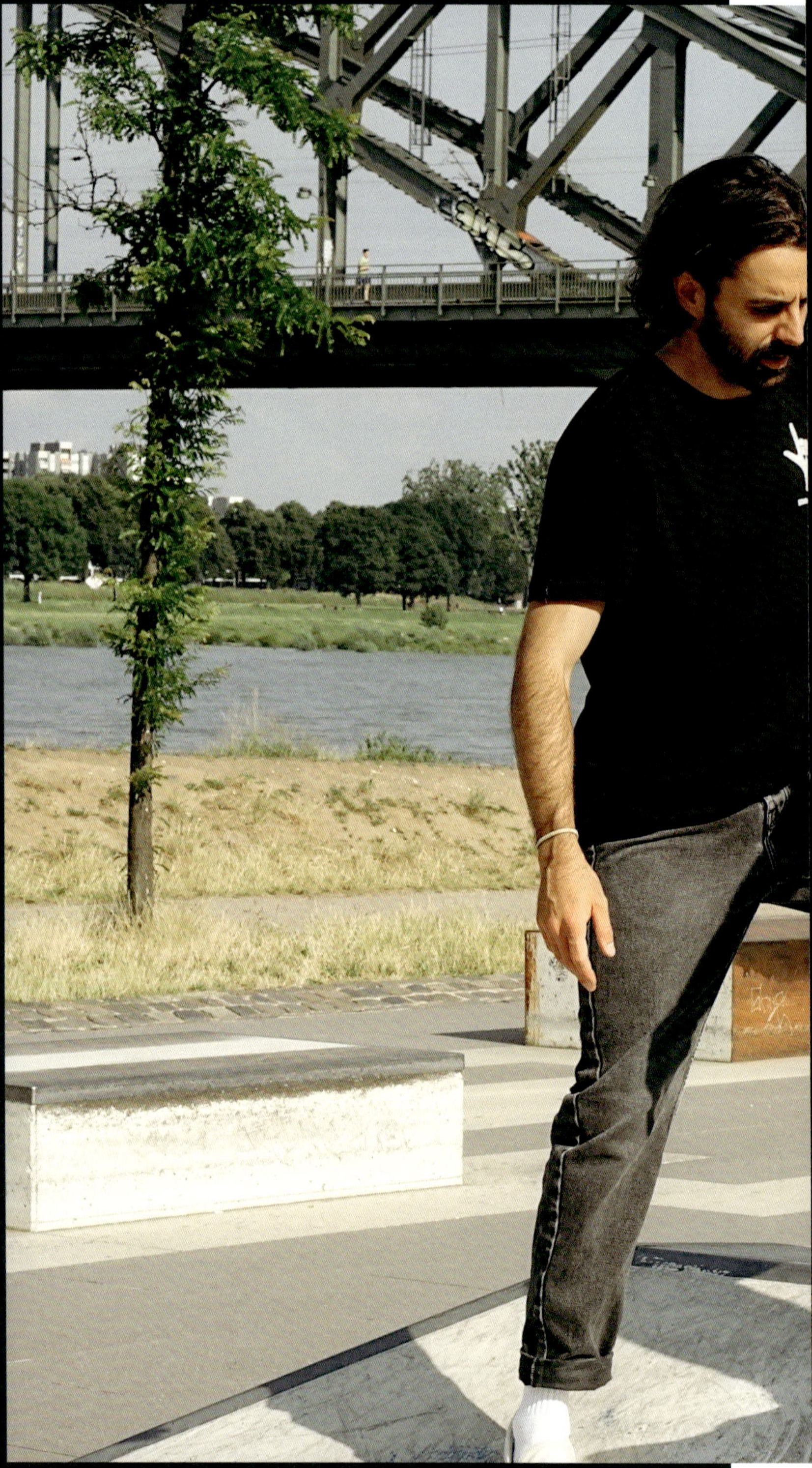

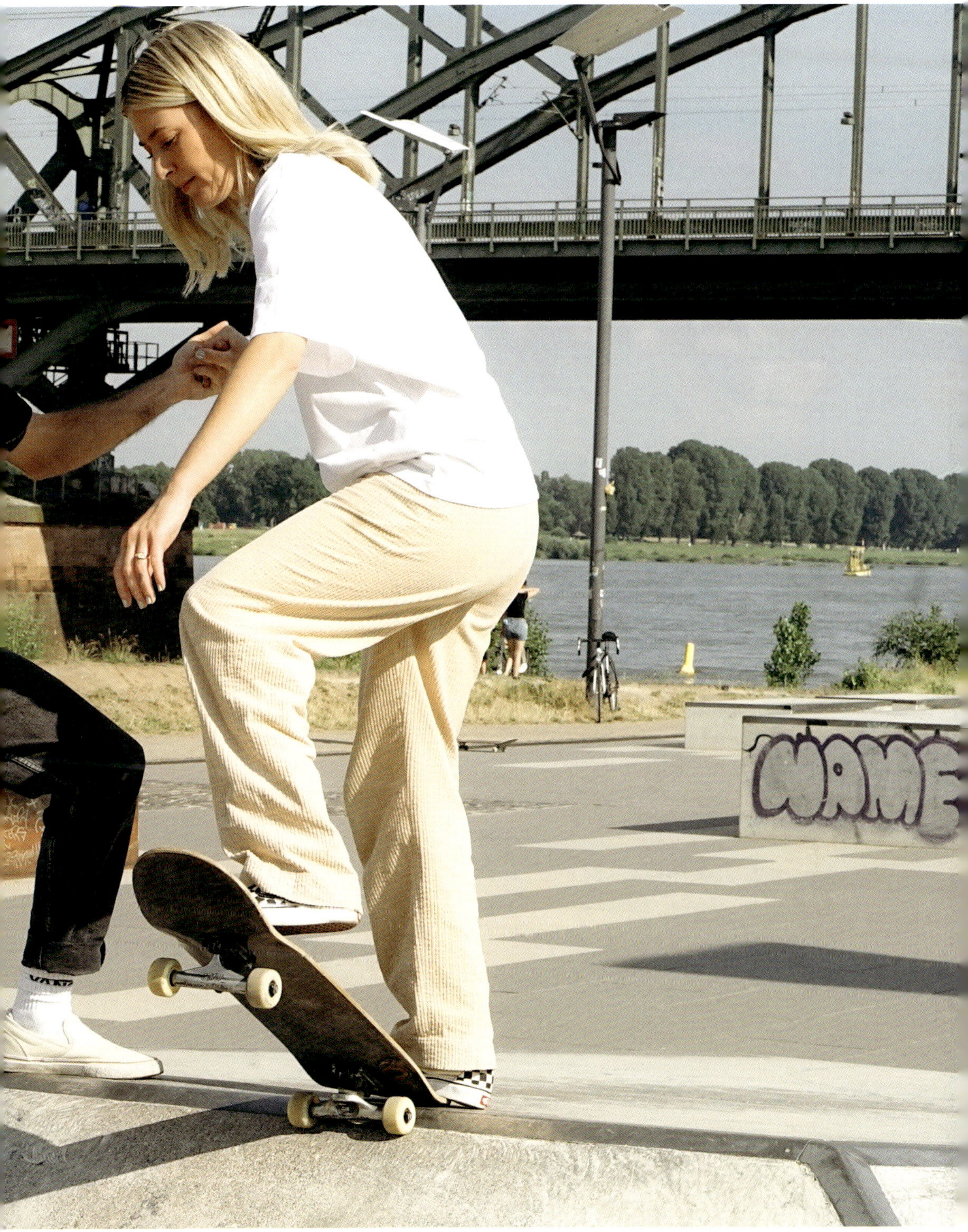
NAME

Aufbauend auf den gezielten Techniken der einzelnen Skateboardtricks, befasst sich dieses Kapitel mit der schrittweisen Vermittlung der in diesem Buch behandelten Bewegungsmuster. Hierbei wird auf mögliche Lehrmethoden zur Hinführung von Tricks, die Art und Weise der Vermittlung, Vermeidung von Fehlerbildern und sichere Hilfestellungen eingegangen.

Diese Trainings- und Lehrmethoden können sowohl im Schul-, Universitäts- und Betriebssport als auch in anderen Unterrichtsformen, wie z. B. Workshops und Freizeitangeboten, Anwendung finden.

8.1 TRAININGSWISSENSCHAFTLICHE GRUNDLAGEN

Die Trainingswissenschaft hat die Verbesserung der individuellen sportlichen Leistung zum Ziel (Brauner et al., 2021). Daher macht es auch für den Individualsport Skateboarding Sinn, aus diesem Wissenschaftsbereich einige Aspekte abzuleiten.

Zunächst sollten dafür einige Elemente aus der Sport- und Trainingswissenschaft vereinfacht erläutert werden, um ein Grundverständnis dafür zu schaffen.

Skateboarding verlangt hohe koordinative Ansprüche wie Gleichgewichtsfähigkeit, Kopplungsfähigkeit und Umstellungsfähigkeit und besteht aus Bewegungsmustern, die überwiegend komplex zusammengestellt sind. Für den Vermittlungsaspekt ist daher ein methodisches Vorgehen zielführend, welches diese Komplexität auflöst.

Hilfreich kann hierfür ein Blick auf die allgemeinen methodischen Prinzipien sein, die beispielsweise in technisch-kompositorischen Sportarten wie dem Turnen Anwendung finden (Gerling, 2014).

Diese methodischen Prinzipien sind:

Vom Leichten zum Schwierigen
Beispiel: vom Geradeausfahren -> zum Kurvenfahren

Vom Einfachen zum Komplexen
Beispiel: vom Kurvenfahren durch Gewichtsverlagerung -> zum Kurvenfahren durch Umsetzen des Boards

Vom Bekannten zum Unbekannten
Beispiel: vom Umsetzen beim Kurvenfahren -> zum Hinunterhüpfen von Stufen

Vom Langsamen zum Schnellen
Beispiel: vom Ollie im Stand -> zum Ollie in der Fahrt

Von der Grobform zur Feinform
Beispiel: vom Raketen-Ollie -> zum geraden Ollie

Vom Können zur variablen Verfügbarkeit
Beispiel: vom Ollie im Flat -> zum Ollie von einem Hindernis hinunter (Stufen, Gaps etc.)

Zusätzlich zur Anwendung der methodischen Prinzipien kann auch das Aufteilen einer ganzheitlichen Bewegung in mehrere Teilbewegungen sinnvoll sein. Eine sogenannte „methodische Übungsreihe" erleichtert das Erlernen von komplexen Bewegungsmustern. Diese sollen dann vom Einfachen zum Komplexen durchgeführt werden.

Um dies genauer zu erklären, soll als Beispiel ein Rad aus dem Turnbereich dienen. Das ganze Rad aus dem Anlauf wäre die komplexe Bewegungsausführung, die man nun in Teilbewegungen aufteilt (Anlauf, Aufsetzen der Hände, die Drehung in den seitlichen Handstand, die Landung). Nun werden alle Teilbewegungen zunächst im Einzelnen trainiert und zum Schluss dann als Gesamtbewegung zusammengeführt.

Diese Art der Heranführung kann auf jegliche Bewegungen im Skaten übertragen werden.

Phänomen der Beidseitigkeit

Bei Sportarten mit einer primär einseitigen Nutzung des Bewegungsapparats, wie z. B. bei Rückschlagsportarten, bei denen Sportler meist nur mit der dominanten Hand Schläge ausführen, kann es zu einer (muskulären) Dysbalance kommen. Um dem entgegenzuwirken, empfiehlt sich ein frühes beidseitiges Training.

Dies lässt sich auch auf Skateboarding übertragen, bei dem die Sportler ebenfalls eine bevorzugte Seite haben. Ein beidseitiges Training bietet zusätzlich noch einen weiteren trainingswissenschaftlichen Vorteil: das Phänomen der Beidseitigkeit.

Dieses besagt, dass eine Bewegung mit einer funktionell dominanten Körperseite (Beispiel: ein Aufschlag beim Tennis mit der dominanten Hand) durch Trainieren mit der nicht dominanten Seite nicht nur zu einer Verbesserung der nicht dominanten Seite führt, sondern auch der dominanten Körperseite (Bund et al., 2010). Dies legen zahlreiche Studien nahe, die das beidseitige Training sportartübergreifend untersuchten (Bund et al., 2010; Haaland & Hoff, 2003; Teixeira et al., 2003).

Würde man dieses Phänomen nun auf das Skaten übertragen, bedeutet dies, wer seine Switch Ollies trainiert, verbessert sich auch bei den Ollies in der normalen Stance. Alleine durch gelegentliches Pushen in der Switch Stance kann man die eigene Gleichgewichtsfähigkeit auf ein neues Level bringen. Also traut euch ruhig mal, auf die schwache Seite zu switchen!

Transferleistung

Die Transferleistung beschreibt die Fähigkeit, gelernte Problemlösungen auf vergleichbare Situationen zu übertragen (Niederer, 2021). Skater stehen bei ihren Tricks vor einer unzählbaren Anzahl an möglichen Bewegungsaufgaben (Problemen), die es zu lösen gilt.

Erlernte Bewegungsmuster und gemachte positive Lernerfahrungen beim Skateboarding ähneln z. B. denen des Snowboardens und Surfens und ermöglichen dadurch einen schnelleren Einstieg in eben diese (Brett-)Sportarten, und umgekehrt.

Kurz gesagt:

Skateboardfahren erleichtert den Einstieg in andere Gleit-, Roll- und Fahrsportarten erheblich. Man spricht hier vom sogenannten *Transfer*.

8.2 HILFESTELLUNG

Beim Skateboarden benötigt man bei vielen Tricks Selbstvertrauen und Boardkontrolle. Um diese Eigenschaften/Fertigkeiten zu erlangen, kann eine Hilfestellung durch aktives Eingreifen in den Bewegungsablauf diesen Prozess sowohl vereinfachen als auch beschleunigen.

Daher bietet es sich insbesondere bei Anfängern an, Hilfestellung beim Üben der Tricks zu leisten. Hinzu kommt noch der Aspekt, dass den Lernenden dabei gewisse Ängste genommen werden können. Die Hilfe kann durch Steuerung von außen Sicherheit und Halt für die Bewegungsausführung der Lernenden gewährleisten.

Hierbei gilt es, beim Skateboarding gewisse Faktoren zu beachten. In den meisten Fällen sollte die Hilfestellung über die Vorderseite der skatenden Person erfolgen. Eine helfende Hand, die über die Rückseite der skatenden Person kommen würde, kann zum einen nicht rechtzeitig gesehen werden, zum anderen aber auch dafür sorgen, dass die skatende Person in die Rückenlage und damit aus dem Gleichgewicht gerät.

Zudem sollte die Unterstützung bei einer Bewegungsausführung sukzessive verringert werden, damit die lernende Person Selbstvertrauen in die neuen Bewegungen und in die eigenen Fähigkeiten aufbauen kann. Wird die Hilfestellung nicht sukzessive abgebaut, kann es dazu kommen, dass zu viel Unterstützung genau das Gegenteil bewirkt und die lernende Person Übungen nur noch mit Hilfestellung ausführen kann.

8.2.1 HILFESTELLUNG IN DER PRAXIS

Als Praxisbeispiel soll hier das Hinunterhüpfen einer Stufe dienen (Abb. 63).

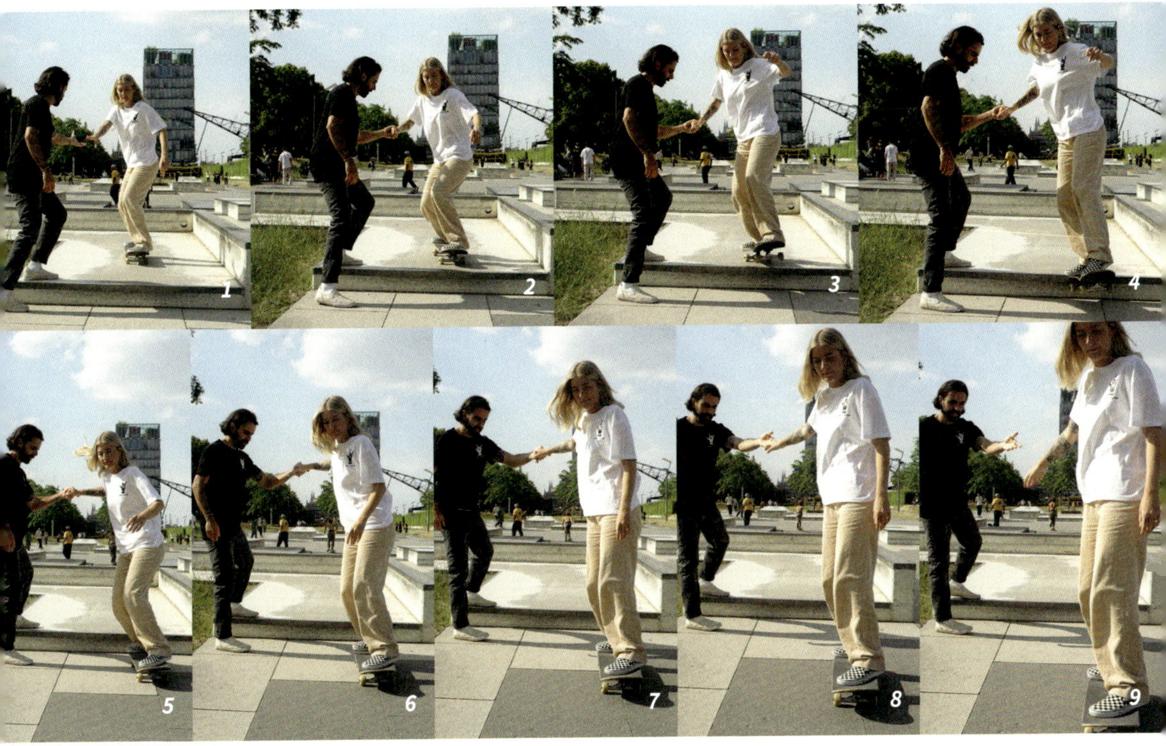

Abb. 63: Eine Stufe hinunterhüpfen mit Hilfestellung

Die Hilfestellung steht hier stets vor der skatenden Person und bewegt sich mit in Fahrtrichtung, um den Körperschwerpunkt der skatenden Person immer über dem Board halten zu können.

In den Bildern 3-4 ist zu erkennen, dass sich der Körperschwerpunkt der skatenden Person im Moment des Absprungs leicht nach hinten verlagert. Die Hilfestellung gibt daher einen verstärkten Impuls über den hinteren Arm der skatenden Person, um ihren Körperschwerpunkt möglichst über dem Board zu halten.

Die Hilfestellung wird erst aufgelöst, wenn die skatende Person wieder sicher geradeaus fährt.

Um die Unterstützung hier sukzessive aufzulösen, kann die Hilfestellung zunächst mit beiden Händen ab Bewegungsbeginn erfolgen. Die skatende Person wird also zunächst geschoben und kann sich vollkommen auf den eigentlichen Trick konzentrieren. Dieser Vorgang sollte einige Male wiederholt werden, bis die Bewegung mit der Hilfe flüssig verläuft.

Der nächste Schritt wäre dann, die Person bis zur Kante der Stufe selbst pushen zu lassen und ihr dann beim Hinunterfahren der Stufe mit beiden Händen Hilfestellung zu geben. Ist dieser Schritt auch mehrmals hintereinander gelungen, kann die hilfeleistende Person nun die vordere Hand loslassen und die skatende Person nur noch mit der hinteren Hand unterstützen.

Gelingt das Hinunterfahren der Stufe mit nur einer helfenden Hand einwandfrei, kann die Person nun versuchen, die Stufe eigenständig hinunterzufahren. Auch wenn es mehrmals hintereinander gut geklappt hat, sollte die Hilfestellung trotzdem noch neben der Stufe bereitstehen, um im Fall einer Unsicherheit die skatende Person unterstützen zu können. Manchmal kann auch lediglich die Präsenz der hilfegebenden Person für die benötigte mentale Sicherheit ausreichen, ohne aktive physische Unterstützung zu geben.

8.3 PÄDAGOGISCHE GRUNDLAGEN

8.3.1 ANPASSUNG AN DIE TEILNEHMER

Es ist bekannt, dass Skateboarding einen individuellen Charakter in der Sportwelt hat. Doch auch individuelle Sportarten können in einer Gruppe gelernt werden. Dabei ist es jedoch wichtig, den Unterricht bzw. die Trainingseinheit spezifisch an die Teilnehmer anzupassen.

Das Trainingsprinzip der „Individualität und Altersgemäßheit" (Brauner et al., 2021) greift genau diesen Aspekt auf. Demnach sollte vor Beginn der Einheit immer klar sein, welche Personen unterrichtet werden. Entscheidende Aspekte hierfür sind Alter, Geschlecht, eventuelle Vorerfahrung, allgemeine Fitness bzw. Sportlichkeit (ebenda).

Ein Training mit Jugendlichen wird demnach anders gestaltet als mit einer Gruppe von Erwachsenen im höheren Alter. Ebenso, wie eine Gruppe von Kindern andere Vorgehensweisen erfordert, als es beispielsweise mit Sportstudenten der Fall wäre.

Exemplarisch sollen nachfolgend drei verschiedene Typen von Teilnehmern und mögliche Anpassungen an diese vorgestellt werden.

Fall 1: Ein junges Kind

Möchte ein junges Kind Skateboard fahren lernen, hat es in vielen Fällen das Rollbrett irgendwo einmal gesehen oder aber die Eltern geben den Impuls für diese Idee. Für den Start macht es Sinn, das Skateboard, seine Einzelteile und deren Funktionen grob zu erklären.

Unabhängig davon, ob es für das Kind der Erstkontakt mit dem Board ist oder ob es schon einige Male auf einem rollenden Brett stand, saß oder kniete. Eine Erklärung des Geräts gibt dem Kind (noch einmal) ein besseres allgemeines Verständnis für das Skaten.

Für die Kursinhalte ist es wichtig, sich auf wenige Übungen mit geringerer Intensität zu beschränken, um das Kind nicht mit Informationen zu überfordern. Ein langsames Rantasten mit passender Hilfestellung gibt auch einem vorsichtigen oder ängstlichen Kind ein Gefühl von Vertrauen und Sicherheit in sich selbst.

Zwischendurch sollten immer wieder kurze Trinkpausen eingesetzt werden. Nach erfolgreich gemeisterten Übungen kann ein positives Feedback ein Erfolgserlebnis noch einmal bekräftigen und für noch mehr Spaß am Skaten sorgen.

Regelmäßige Rückmeldung sollte daher immer gegeben werden. Dies muss nicht zwangsläufig bedeuten, dass man nur gestandene Tricks hervorhebt. Auch ein Wiederaufstehen nach einem Sturz und der neu gefasste Mut und das Durchhaltevermögen kann gelobt werden. Der Unterricht sollte bei einem jungen Kind (5-8 Jahre) zu Beginn nicht länger als eine Stunde dauern und sollte spielerisch gestaltet sein.

Fall 2: Ein sportlicher Jugendlicher

Ein sportlicher Jugendlicher (14-18 Jahre) kennt Skateboarding sicherlich schon. Hinzu kommt, dass sich diese Person vermutlich schon selbst mit Skateboarding auseinandergesetzt hat und in den meisten Fällen schon ein eigenes Skateboard besitzt. Damit würde es auch nicht notwendig sein, ihm das Gerät und seine Funktionen zu erklären.

Beim Unterricht wird viel schneller auf das Skaten selbst und auf gewisse Tricks eingegangen. Oft haben die Teilnehmer aus dieser Gruppe bereits konkrete Wünsche/Vorstellungen, was sie lernen möchten. Diese Wünsche von Beginn an abzufragen, dient als guter Einstieg für das erste Training.

Anders als bei einem jungen Kind können sportliche Jugendliche mehr gefordert werden und es sind weniger Pausen notwendig. Dennoch ist es wichtig, nach einiger Zeit (20-40 Minuten) eine Pause einzulegen, um erneut den Fokus auf die neu geübten Tricks zu legen.

Positive Rückmeldungen können hier oft in Form von High Fives oder durch Bewegungsanalysen mittels Videoaufnahmen eine altersgemäße Bestätigung für die skatende Person bieten. Der Trainingsumfang kann hier auch über 90 Minuten hinausgehen, ebenso können die Anforderungen wachsen.

Fall 3: Ein vorsichtiger Erwachsener

In diesem Beispiel möchte eine erwachsene Person (30+) den Skateboardsport ausprobieren oder eventuell vorhandene Vorerfahrungen wieder auffrischen. Oft haben Personen aus dieser Gruppe das Skaten nach einem Sturz in der Kindheit aufgegeben, sind nun aber wieder mit dem Rollsport in Kontakt gekommen und erleben ein Aufblühen ihres einstigen Hobbys.

Hier ist es zwar auch wichtig, die Vorkenntnisse zu besprechen, allerdings macht es oft Sinn, die Basics von Anfang an noch einmal neu durchzugehen. Oft eignet man sich nämlich falsche Bewegungsmuster (bspw. das Vorderfußpushen) an, die sich später nur schwer abtrainieren lassen. Hier kann eine kurze Wiederholung der Grundposition, der verschiedenen Arten, Kurven zu fahren und mögliche Fußpositionen für ein sicheres Fahren auf dem Brett zielführend für einen erneuten vertrauensvollen Einstieg sein.

Sobald dann unbekannte Tricks vorgestellt werden, wofür dieser Personenkreis mehr Mut aufbringen muss, sollte man nicht zu eifrig mit den Übungen sein. Die Person soll zwar gefordert werden, aber es muss stets bedacht werden, dass die allgemeine Fitness und auch die Risikobereitschaft nicht mit einem Kind zu vergleichen ist. Mögliche Ängste und mentale Blockaden können hier aber durch Hilfestellungen und gestufte Herangehensweisen (methodische Reihen) gelöst werden.

Regelmäßige Pausen und kontinuierliches Feedback helfen diesen Menschen, sich wohlzufühlen und möglichen Fragen Raum zu geben. Auch hier sollte wieder nach erfolgreich absolvierten Schritten ein positives Feedback gegeben werden.

Wie klein diese Schritte auch immer einem selbst erscheinen mögen, für eine Person, die sich noch nie eine Stufe hinuntergetraut hat, ist es oft ein immenser Schritt und kann ein prägendes Erlebnis darstellen.

Zusammenfassend lässt sich festhalten, dass eine adäquate Anpassung der Trainingseinheit an die Teilnehmer bereits im Vorfeld immer zu berücksichtigen ist. So können Lernerfolge, Sicherheit und der Spaß am Skaten größtmöglich gewährleistet werden.

8.3.2 HOMOGENE VS. HETEROGENE GRUPPEN

Wie im vorherigen Unterkapitel bereits beschrieben, sollte die Art der Vermittlung immer an die Teilnehmer angepasst werden. Doch kann noch einmal unabhängig von den Individuen in homogene und heterogene Gruppen unterteilt werden.

Eine homogene Gruppe ist gekennzeichnet von gemeinsamen Merkmalen, die sie teilen. In diesem Fall liegt das Augenmerk auf die für die Unterrichtsgestaltung relevanten Merkmale.

Als Beispiel könnte eine Gruppe von Sportstudenten dienen, die etwa im gleichen Alter sind und über ein gewisses Maß an Sportlichkeit verfügen, also in gewisser Weise eine homogene Gruppe darstellen.

Beim Unterrichten einer Gruppe mit gemeinsamen Charakteristika lässt sich das Training einfacher gestalten als bei einer heterogenen Gruppe. Alle in der Gruppe können gemeinsam einer Übung nachgehen und die leitende Person kann sich auf die Gruppe als Einheit konzentrieren.

Gängiger als eine homogene Gruppe ist jedoch eine heterogene, also eine, in der sich die Teilnehmer hinsichtlich einer oder mehrerer Eigenschaften differenzieren. In diesem Fall sind die relevanten Eigenschaften besonders durch sportliche Leistungsfähigkeit, das Alter und die dementsprechende Belastungsfähigkeit geprägt.

Dies kann für die lehrende Person zunächst eine große Herausforderung darstellen. Daher soll ein Fallbeispiel Auskunft über mögliche Vorgehensweisen geben.

Als Beispiel kann hier eine Gruppe aus einer Firma angeführt werden, die sich im Rahmen des Betriebssports für einen Skateboardkurs angemeldet hat. In diesem Beispiel besteht die Gruppe aus 13 Teilnehmern und sieben Teilnehmerinnen. Das Alter variiert zwischen 24 und 48. Zusätzlich ist auch noch der 19-jährige Praktikant dabei. Schon wegen der teilweise recht hohen Altersunterschiede spricht man hier von einer heterogenen Gruppe.

Um diese jedoch erst einmal genau zu analysieren, sollte durch eine kurze Vorstellungsrunde eine erste Einschätzung erfolgen. So kann bereits schnell ermittelt werden, ob jemand von der Gruppe sportlich aktiv ist, Vorerfahrung in Brettsportarten mitbringt und eher motiviert oder ängstlich ist. Daraufhin kann die Anpassung des Unterrichts an die Gruppe folgen.

Festzuhalten ist, dass eine heterogene Gruppe viel mehr Aufmerksamkeit, Kreativität und Variationen benötigt, was den Unterricht anbelangt. Demnach sollte man als Lehrperson ausreichend Alternativübungen im Repertoire haben, um eine Über-/Unterforderung, bedingt durch verschiedene Könnensstufen und Lerntypen, vermeiden zu können.

8.4 BEISPIEL-UNTERRICHTSSTUNDE IN DER PRAXIS

Im Folgenden wird eine Unterrichtsstunde als Modell vorgestellt. Unabhängig von den Zielen der Implementierung des Skateboardsports in den (Schul-)Unterricht sollen hier lediglich grundlegende Vermittlungsaspekte aufgezeigt werden. Diese sollen als Orientierung dienen, um einer Gruppe das Skateboardfahren sicher und vereinfacht vermitteln zu können.

Beim Skateboarden eignet sich tendenziell eine induktive Lehrmethode (Gößing, 2007), also ein Modell mit dem Fokus auf dem selbstständigen Lernen. Nichtsdestotrotz sollte insbesondere beim Lernen der ersten Bewegungen auf dem Skateboard eine Anleitung der Bewegungsformen mit Hilfestellungen gegeben sein, um falsch gelernten Bewegungsmustern entgegenzuwirken. Sobald die Basics auf dem Skateboard beherrscht werden, kann die Vermittlung mit zunehmendem Maß auf eine induktive Lehrmethode wechseln.

Im Folgenden werden exemplarisch vier aufeinanderfolgende Skateboardeinheiten für eine Schulklasse dargestellt (Tab. 1) und im weiteren Verlauf wird die erste Einheit ausführlich beschrieben (Tab. 2). Für die Umsetzung von Unterrichtseinheiten im Schulsport sind die aktuellen Regeln des Sicherheitserlasses für den allgemeinen Schulsport unbedingt zu berücksichtigen. Jedoch bietet es sich auch außerhalb des Schulsports an, vor allem im Anfängerbereich, immer Helme und Protektoren zu tragen.

Tab. 1: Einheiten, Ziele und Inhalte von vier Skateboardeinheiten im Rahmen eines Schulprojekts

EINHEITEN	ZIELE	INHALTE
1. Das Skateboard in Einzelteilen und die Basisbewegungen	» Sich mit dem Sportgerät vertraut machen » Auf dem Board: stehen, rollen, bremsen, lenken	» Eigenschaften des Skateboards erörtern (vorne und hinten unterscheiden können etc.) » Der richtige Stand (Grundposition), die eigene Stance herausfinden » Pushen » Lenken mittels Gewichtsverlagerung » Erste Bremstechnik
2. Die Basisbewegungen erweitern	» Weitere Bremstechniken lernen » Lenken um die eigene Achse » Lenken in der Fahrt und um Gegenstände	» Fahren auf einem Bein → Bremstechnik mit Herabsetzen des Fußes » Stand auf der Hinterachse, Rotation um die eigene Achse » Lenken mittels Kickturns » Erweiterte Bremstechniken
3. Erste Tricks	» Erste Schritte des Ollies » Eine Stufe hinunterfahren (Technik 1 und 2)	» Phasen des Ollies kennenlernen » Erste Erfahrungen mit Höhenunterschieden
4. Erweiterung der Tricks	» Ollie-Technik vollenden » Eine Stufe hochfahren	» Ollie als ganze Bewegung lernen » Stufen hinunter- und hochfahren

Tab. 2: Erste Unterrichtseinheit mit einer Schulklasse

SKATEBOARDEINHEIT 1, SCHULKLASSE

Kurze Vorstellungsrunde im Mittelkreis. Vorhaben der Einheit und Verhaltensregeln mitteilen.

1. Aufwärmen: Mobilisierung und Erwärmung des Bewegungsapparats
2. Trinkpause und Aufbau der Stationen
3. Bewegungsstationen

	MÖGLICHE FRAGEN (F), ANWEISUNGEN (A) UND VARIATIONSMÖGLICHKEITEN (V)	ZEIT
Anlegen der Schutzausrüstung Kurze Instruktion, wie die Schutzausrüstung angelegt wird und warum.	**A:** Helme an den Kopf anpassen. Schoner festziehen, um einem Verrutschen der Ausrüstung vorzubeugen.	**10 min**
Skateboard als Gerät erklären Aufbau und Eigenschaften des Skateboards im Dialog mit den Schülern erschließen.	**F:** Woraus besteht ein Board? Wie ist es aufgebaut? Wofür werden die einzelnen Komponenten gebraucht? Gibt es eine Vorder- und Hinterseite? Wie ist diese zu erkennen?	**5 min**
Übung 1: Der richtige Stand Bewegungsaufgabe: Paralleler Stand auf den Schrauben (Grundposition)	**A:** Locker in den Knien sein und mit den Füßen genau auf den Schrauben stehen.	**10 min**
Übung 2: Was ist meine Stance? Bewegungsaufgabe: Goofy- vs. Regular-Stance ausprobieren. Gegebenenfalls Stance-Test durchführen.	**A:** Beide Fußstellungen ausprobieren und danach entscheiden, welche Seite sich besser anfühlt. **F:** Wer ist sich noch unsicher, welche Fußstellung er hat?	**10 min**
Übung 3: Pushen lernen Bewegungsaufgabe: Zunächst langsames Rollen mit einmaligem Abstoßen vom Boden. Anschließend schnelleres Fahren durch dreimaliges Pushen.	**V1:** Rollen mit einmaligem Pushen **V2:** Rollen mit dreimaligem Pushen **V3:** Rollen mit nicht dominantem Fuß vorne (Bonusaufgabe für unterforderte Kinder)	**15 min**

Übung 4: Bremsen (Material: Hütchen für Markierung der Bremsstelle) Bremsen mittels Technik des Step-offs. Zunächst in langsamer Fahrt ohne Markierung. Anschließend in schnellerer Fahrt mit Halt bei der Markierung	**V1:** Bremsen mittels Technik des Step-offs **V2:** Bremsen mittels Absetzens des Fußes	**10 min**
Übung 5: Lenken durch Gewichtsverlagerung (Material: Hütchen für Markierung der Kurven) Bewegungsaufgabe: Zunächst Lenken im Stand durch Ausübung von Druck auf den Fußspitzen bzw. Fersen. Danach während der Fahrt lenken.	**V1:** Lenken um einen Viertelkreis **V2:** Lenken um einen Halbkreis **V3:** Lenken mittels Umsetzens des Boards (Bonusaufgabe)	**15 min**

4. Abbau der Stationen und Trinkpause

5. Abschlussspiel (fünf Minuten) und Abschlussritual im Mittelkreis

TIPPS

Organisatorisch:

Skateboards erst austeilen, wenn die Schüler Helme und Protektoren angelegt haben.

MATERIAL (GESAMTLISTE)

- Skateboards für jedes Kind bzw. ein Board zu zweit teilen, je nach Möglichkeit
- Helme und Protektoren für jedes Kind
- Hütchen/Pylonen für Markierungen
- Zwei Langbänke, um die Halle in zwei Bereiche einzuteilen (z. B. Anfängerstationen, fortgeschrittene Stationen).

SICHERHEITSREGELN/REGELVEREINBARUNG MIT DEN KINDERN VOR DER STUNDE:

STOPP-Regel:

- Sobald ein Kind oder die lehrende Person STOPP sagt, wird die Übung sofort unterbrochen.

Verhaltensregeln in der Stunde:

- Alle möchten gemeinsam Spaß haben und etwas Neues lernen.
- Begrüßung und klares Startsignal vereinbaren (z. B. Verbeugung, „Los!").
- Helme und Schoner müssen zu jeder Zeit auf dem Skateboard getragen werden!
- Jeglicher Schmuck muss abgelegt werden, lange Haare werden zusammengebunden.

SCHLUSSWORT

ÜBER DEN AUTOR

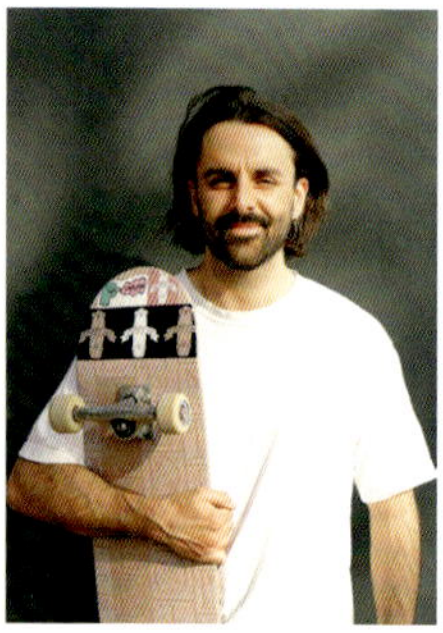

Am 28.08.1991 in Köln geboren und ebenfalls dort aufgewachsen, hat **Ramin Tehrani**, wie viele in seinem damaligen Freundeskreis, mit Fußball und Basketball Gefallen am Sport gefunden. Doch die Vereinsstrukturen und der Terminzwang waren nicht wirklich was für ihn. Etwas hat gefehlt – der Aspsekt der Freiheit. Mit 12 Jahren hat er durch Einfluss des Videospiels „Tony Hawks Pro Skater 2" in Kombination mit dem Skateboard eines Freundes ein neues Hobby für sich entdeckt, welches eine unaufhaltsame Leidenschaft entfacht hat: Skateboarding. Nach einigen Wochen auf dem Board des Kumpels und dem nachhaltigen Wunsch, ein eigenes Skateboard fahren zu können, haben seine Eltern ihm diesen Wunsch erfüllt und ihn kurz darauf zum ersten Mal zum Skatepark gefahren.

Schnell wurde klar, dass der sonst schüchterne kleine Junge auf einmal keine Scheu mehr hatte, neue Leute kennenzulernen, wenn sie faszinierende Tricks auf dem Skateboard vorführen. Das wollte er auch lernen!

Darauf folgten unzählige Stunden auf dem Skateboard zusammen mit seinen Freunden auf der Domplatte. Den fast schon familiären Freundeskreis hat er größtenteils durch das Reisen zu neuen Skatespots in NRW kennengelernt. Mit den Jahren kamen die ersten Erfolge auf Wettbewerben, die auch zu seinem ersten Sponsor durch einen Skateshop (Blackbox) führten. Die Sprünge wurden waghalsiger, es wurde viel gefilmt, die Reisen wurden länger und Skateboarding wurde immer mehr zu einem unersetzbaren Bestandteil seines Lebens.

Durch externe Anfragen, ob er das Skaten auch anderen beibringen könne, hat sich eine weitere Perspektive von Skateboarding für ihn eröffnet. Zunächst waren es Skatehallen, verschiedene Jugendeinrichtungen und soziale Projekte, für die er Skatekurse gegeben hat. Mit der Zeit hat sich aber bemerkbar gemacht, dass das Lehren nicht nur bei den Lernenden gut ankommt, sondern auch großen Spaß macht und ihn sehr erfüllt. Daher entschied er sich, seine eigene Skateboardschule zu gründen und selbstständig Kurse zu geben. Parallel startete er sein Sportwissenschaftsstudiums an der Deutschen Sporthochschule Köln. Im Studium beschäftigte er sich mit verschiedensten Bewegungsanalysen. Diese umfassten jedoch nur klassische Sportarten wie die Leichtathletik, das Turnen oder das Schwimmen. Wieso gab es das nicht auch für das Skaten? Auf diese Frage hin haben ihn einige seiner Dozenten motiviert, seine wissenschaftlichen Arbeiten über Skateboarding zu verfassen, auch wenn die Bibliothek dafür literarisch nur spärlich ausgestattet war. Mit Themen wie Bewegungsanalysen sowie trainingwissenschaftlichen Aspekten der Sportwissenschaft hat er die eigenen Konzepte und Trainingsmethoden für seine Skateboardkurse durch das Studium immer weiter verfeinert und ausgebaut. Im Rahmen seiner Bachelorarbeit unterrichtete er in einem Jugendgefängnis heranwachsende Männer und konnte wissenschaftlich darlegen, dass sich nach dem Skaten das Wohlbefinden und das Selbstbewusstsein der Inhaftierten erhöhte.

Mit der Bitte von einigen Dozenten, nach dem Studium ein Werk für das Bibliotheksregal zu verfassen, schließt sich nun dieses Kapitel.

Heute begeistert er hauptberuflich andere für diese Sportart und möchte auch die Leser und Leserinnen dieses Buches dabei unterstützen, es ihm gleich zu tun.

Abschließend möchte er noch allen mitteilen, dass Skateboarding ein ganzheitlicher Lebensstil ist und sein Leben in vielen Aspekten bereichert hat. Die Freunde, die er hat; die Musik, die er hört; die Orte, die er bereist; die Kleidung, die er trägt; den Beruf, den er ausübt; die Art, wie er denkt und die Leidenschaft, die er lebt. Eine Leidenschaft, die er jeder Person wünscht zu finden.

ÜBER DEN FOTOGRAFEN

Dennis Harwardt, geboren 28.01.1991 in Bochum und aufgewachsen in Hagen. Mit jungen acht Jahren hat er die Welt des Skateboardings bereits früh für sich entdeckt. Mit 13 Jahren hat er Gefallen daran gefunden, Skateboardtricks in bewegten Bildern festzuhalten. Mit seiner ersten Filmkamera wurde bei ihm eine neue Passion entfacht, welche perfekt mit Skateboarding im Einklang steht. Für seine Freunde wurde früh klar: Harwardt hat nicht nur ein Händchen für Kameras, sondern das Talent, das volle Potenzial aus den Tricks rauszuholen, indem er sie aus der bestmöglichen Perspektive digital einfängt.

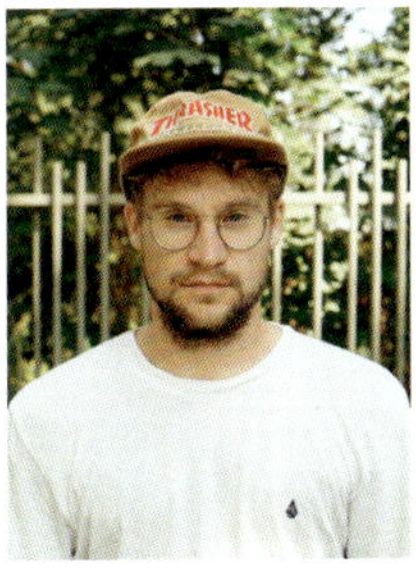

Im Laufe seiner Jugend reiste er mehrfach quer durch Deutschland mit den unterschiedlichsten Menschen der Skateboardszene – die legendäre Sony VX 1000 Kamera immer im Gepäck.

Im Jahr 2008 haben er und Ramin Tehrani auf einer Skatetour durch Prag ihre tiefe Freundschaft besiegelt, die bis heute anhält. Seither haben sie viele Momente auf dem Board geteilt, die Harwardt größtenteils auf Film und Foto für die Ewigkeit festgehalten hat. Skateboarding verbindet und bringt wunderbare Freundschaften hervor. Auch bei zwei unterschiedlichen Individuen aus entfernten Städten.

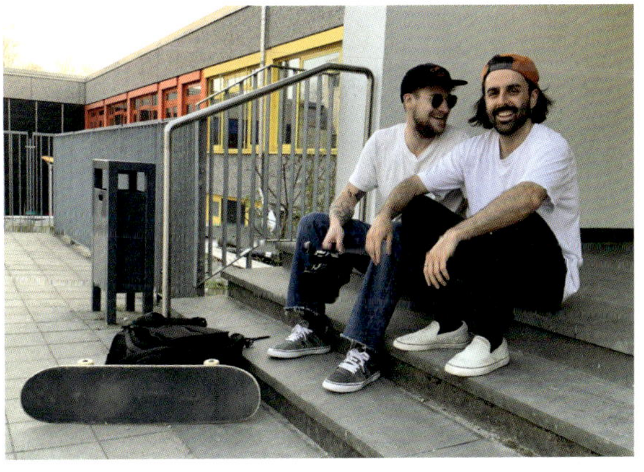

DANKSAGUNG

An erster Stelle möchte ich meinen Eltern danken, die mich in jedem Schritt meiner Entwicklung und ganz besonders beim Skateboarding immer unterstützt haben.

Meinem Cousin Fardad und meiner Schwester Nagmeh, die immer eine große Inspiration für mich waren und mich stets darin bestärkt haben, meiner Leidenschaft nachzugehen.

Ich möchte mich bei all meinen Freunden bedanken, die mich beim Skaten begleitet haben. Insbesondere Dennis Harwardt, der nicht nur alle Fotos und Videos aus diesem Werk gemacht hat, sondern mich in jeder Entscheidung, die ich treffen musste, unterstützt und beraten hat. Ohne ihn wäre dieses Werk nicht möglich gewesen!

Ein besonderer Dank gilt auch Marcel Schepers und Lucas Folz, die mir bei diesem Buch eine große Hilfe waren. Ebenso gilt der Dank Dr. Ingo Helmich, der mich ein Stück weit in das Schreiben dieses Werkes begleitet hat.

Außerdem möchte ich allen danken, denen ich Skatekurse geben durfte, die mich als Trainer schätzen und mir ermöglichen, meine Leidenschaft auch als Berufung zu leben.

Ein großer Dank geht auch an meine Sponsoren Concrete Wave Skateshop Cologne und Inpeddo Skateboards aus Berlin sowie den Skateshops aus Köln Titus, Pivot, Bluetomato und Tante Skäte, die meine Skatekurse unterstützt haben.

Zu guter Letzt möchte ich auch dir danken lieber Leser, liebe Leserin. Dafür, dass du dieses Buch in deinen Händen hältst, es bis hierhin gelesen hast und dein Wissen an die nächsten weitergeben möchtest.

Und nun geht rauf aufs Brett und habt viel Spaß beim Skaten!

ANHANG

1 SKATEBOARDLEXIKON/GLOSSAR

Air: Der Sprung aus einer Rampe heraus

AM: Abk. für Amateur, bezeichnet den Status, bei dem ein Skater im Team einer (Skateboard) Firma ist und von dieser Produkte gestellt bekommt (Pendant: *Pro*).

Backside (BS): Bezeichnung für die Körperrückseite. Bei Grinds (z. B. BS 50-50), wenn man mit der Körperrückseite zum Obstacle steht. Bei Drehungen (z. B. BS 180 Grad), wenn man mit der Körperrückseite nach vorne dreht.

Bail: Wenn man einen Trick nicht schafft oder dabei vom Board steigt (*Bailen*). Die harmlose Variante zum Sturz (*Slam*)

Banger: Ein harter Trick, der nicht so leicht nachzumachen ist.

Baseplate: Die Grundplatte einer Skateboardachse (siehe Kap. 2)

Bank: Eine Schräge /Rampe

Bearings: Englische Bezeichnung für Kugellager

Boardslide: Trickbezeichnung für das Rutschen mit dem Board über ein Obstacle. Dabei ist das Board quer gestellt und man rutscht genau mit der Boardmitte über das Hindernis.

Bowl: Eine schüsselartige Rampe, die einem leeren Swimmingpool nachempfunden ist (siehe auch *Pool*).

Bolts: Die Schrauben, die das Skateboard mit den Achsen verbindet. Eine Landung mit den Füßen auf den Schrauben nach einem Trick wird auch Bolts genannt und als perfekt angesehen (siehe: *Clean*).

Bushings: Englische Bezeichnung für die Lenkgummis in den Achsen

Bust: Wenn man von einem Spot vertrieben wird.

Catchen: Wenn man das Skateboard nach einem Fliptrick mit den Füßen „einfängt".

Clean: Ein sauber gelandeter und ausgefahrener Trick (Pendant: *Sketchy*)

Concave: Die Wölbung an der Seite des Bretts, welche das Flippen des Boards erleichtert. Das Concave kann flach oder steil sein.

Contest: Ein Skateboardwettbewerb. Meistens hat man dabei 1-2 Minuten Zeit, um in einem Lauf die besten Tricks im Skatepark zu zeigen.

Coping: Eine Metallstange an der oberen Kante einer Rampe (z. B. bei einer Halfpipe, Miniramp, Bowl)

Curb: Eine Kante aus Beton, Holz, Metall etc. zum Drübergrinden/-sliden

Deck: Der hölzerne Teil des Skateboards. In der Regel besteht das Brett aus sieben Schichten Ahornholz.

DIY: (Abk. für „Do it Yourself") Ein DIY-Skatespot hat selbstgebaute Obstacles.

Drop-in: Eine Art, um in eine Rampe/Quarter hineinzufahren.

Fakie: Rückwärtsfahren oder -landen (Bsp. Rock-to-fakie)

Flat: Ebene Fläche, Boden

Flatrail: Eine Stange, über die man grinden/sliden kann, die ohne Steigung bzw. parallel zum Boden verläuft.

Flip-(Trick): Eine Trickkategorie, bei der das Skateboard die Füße verlässt und sich um eine oder mehrere Achsen dreht.

Frontside (FS): Bezeichnung für die Körpervorderseite. Bei Grinds/Slides (z. B. FS 50-50): Wenn man mit der Körpervorderseite zum Obstacle steht. Bei Drehungen (z. B. FS 180 Grad): Wenn man mit der Körpervorderseite nach vorne dreht.

Gap: Eine Lücke oder eine Erhöhung zum Drüber-/Hinunterspringen (Bsp. Treppenstufen)

Goofy: Die Fußstellung auf dem Board, bei der man mit dem rechten Fuß vorne steht und mit dem linken Fuß pusht (Pendant: *Regular*).

Grab: Das Greifen des Boards mit den Händen. Wird meistens in der Flugphase eines Airs gemacht (Bsp. Nosegrab). Kann aber auch im Grind/Slide gemacht werden.

Grind(en): Eine Trickkategorie, bei der man mit den Achsen über Kanten und Geländer rutscht (Pendant: *Sliden*).

Grip: Bezeichnung der Eigenschaft des Griptapes oder des Schuhs, wie gut er „klebt".

Griptape: Der schmirgelpapierähnliche Aufkleber, der oben aufs Deck geklebt wird, um Halt auf dem Brett zu haben.

Halfpipe: Eine Skateboardrampe in Form einer Halbröhre aus Beton, Holz oder Metall. Eine Halfpipe ist meistens über drei Meter hoch und hat immer einen vertikalen Abschnitt, der in die Rampe hineinführt. Oftmals wird eine Miniramp mit einer Halfpipe verwechselt, diese hat aber keinen vertikalen Abschnitt und ist deutlich kleiner (siehe: *Miniramp*).

Inch: Eine amerikanische Längeneinheit, in der die Größe bzw. die Breite des Bretts angegeben wird (1 inch = 2,54 cm).

Hippie Jump: Ein Trick, bei dem das Board unter einem Hindernis durchrollt, während man über das Hindernis springt und danach wieder auf dem Skateboard landet.

Kingpin: Die Schraube einer Skateboardachse, die die Achse zusammenhält (siehe Kap. 2).

Ledge: Eine mauerartige Kante, die beispielsweise an einer Treppe hinunterführt, über die man sliden/grinden kann. In etwa ein Curb mit Neigung nach unten oder oben

Liptrick: Tricks, die an der oberen Kante einer Rampe/Quarter gemacht werden (Bsp. Rock-to-fakie).

Local(s): Ortsansässige Skater. Der „Local-Spot" ist der Spot, an dem sich die meisten ortsansässigen Skater treffen.

Miniramp: Eine Rampe in Form einer Halbröhre aus Holz, Metall oder Beton. Die kleinere und deutlich häufiger vorkommende Version einer Halfpipe. Abgesehen von der Größe unterscheidet sich die Miniramp durch einen weniger steilen Einstieg in die Rampe. Bei einer Halfpipe ist der Einstieg immer vertikal.

Manual: Das Fahren auf den zwei hinteren Rollen (Pendant: *Nose-Manual* – das Fahren auf den zwei vorderen Rollen)

Mr. Wilson: Bezeichnung für einen typischen Sturz, bei dem das Board durch fehlerhafte Gewichtsverlagerung nach vorne schießt und man nach hinten fällt.

Nollie: Die Fußstellung bei Tricks, bei denen man mit dem vorderen Fuß auf der Nose steht.

Nose: (engl. für Nase) Der vordere Teil des Decks (Pendant: *Tail*)

Obstacle: Ein zu überwindendes Hindernis (Bsp: Curb, Rail, Gap etc.)

Ollie: Der Sprung mit dem Skateboard unter Anwendung einer speziellen Technik. Dabei verlässt das Board komplett den Boden.

Plaza: Moderner Skatepark mit Elementen aus dem urbanen Raum (Streetpark)

Pool: Ursprünglich leerer Swimmingpool, der zum Skaten genutzt wird (siehe auch *Bowl*).

Pop: Die Bezeichnung, wie hoch man mit dem Board springen kann.

Powerslide: Beliebte Variante zum Bremsen, wobei man das Board quer stellt.

Pro: Abk. für Profiskater. Offiziell ist man Pro, wenn der eigene Name auf dem Deck einer Board Firma steht (Pendant: *AM*).

Primo: Wenn das Board seitlich (die Achsen sind dabei hochkant) auf dem Boden steht. Diese meistens schmerzhafte Landung passiert häufig, wenn die Drehbewegung bei einem Fliptrick nicht vollständig erreicht wird und man unbeabsichtigt in dieser Position landet.

Pushen: Das Anfahren mit dem Board. Dabei holt man den Schwung durch ein kräftiges Abstoßen vom Boden durch den hinteren Fuß.

Quarter: Abk. für Quarterpipe (engl. für Viertelröhre), eine gängige Rampe im Skatepark

Rail: Eine Stange (z. B. Treppengeländer), auf der man mit dem Board hinunterrutschen kann.

Regular: Die gegensätzliche Fußstellung von *Goofy*. Man steht hier mit dem linken Fuß vorne.

Revert: Eine 180-Grad-Rotation mit dem Board, ohne zu springen. Die Rotation wird über die Vorderachse durchgeführt und resultiert in einem neuen Stance.

Session: Eine entspannte Runde Skateboarding, meistens verbunden mit Freunden

Setup: Die Bezeichnung für ein individuell zusammengestelltes Skateboard

Shape: Die Form des Skateboards (Bsp: Standard, Old School)

S.K.A.T.E: Auch „Game of Skate" genannt, ist ein international bekanntes Spiel, bei dem Person A einen Trick vorlegt und Person B ihn nachmachen muss. Gelingt das Nachmachen nicht, erhält Person B einen Buchstaben (S.) und Person A darf wieder einen Trick vorlegen. Schafft die Person A den Trick nicht, ist der nächste Spieler an der Reihe. Das Spiel geht immer weiter, bis jemand fünf Buchstaben (S.K.A.T.E) hat. Wer zuletzt noch übrig bleibt, hat das Spiel gewonnen. Dieses Spiel eignet sich hervorragend, um sich aufzuwärmen oder neue Tricks zu lernen. Mittlerweile gibt es internationale Meisterschaften für Game of S.K.A.T.E

Sketchy: Das Pendant zu „Clean". Ein Trick, der unsauber ausgeführt wird (z. B.: die Fußspitzen berühren den Boden bei der Landung).

Slam: Der Sturz, der auch mal heftiger ausfallen kann (siehe auch *Bail*).

Slide(n): Das Rutschen mit dem Board über eine Kante. Im Gegensatz zum Grind rutscht man hier nicht mit den Achsen, sondern nur mit dem Brett über das Obstacle (Nose, Tail oder in der Mitte des Decks).

Snaken: Anderen Leuten (im Skatepark) den Weg abschneiden oder loszufahren, obwohl man nicht an der Reihe ist. Stichwort: Respect the Locals!

Spot: Ein Spot ist ein Ort, an dem man skaten kann. Alles kann demnach ein Spot sein. Ob Treppenstufen oder Laderampe. Man spricht auch von „Streetspot".

Style: Der Stil einer Person bzw. die Art, wie die Tricks ausgeführt werden. Der Style spielt eine noch wichtigere Rolle als die Härte der Tricks.

Switch: Das Skaten mit dem nicht dominanten Fuß vorne. Ähnlich wie mit der „falschen Hand" schreiben, steht man also als Goofy-Fahrer mit dem linken Fuß vorne bzw. als Regular-Fahrer mit dem rechten Fuß vorne.

Tail: (engl. für Schwanz) Der hintere Teil des Decks (Pendant: *Nose*)

Tool: Ein Tool ist ein Werkzeug, um das Skateboard zusammenzuschrauben.

Urethan: Ein spezielles Material, aus dem die Skateboardrollen hergestellt werden.

Vert: Abk. für Vertikal. Bezeichnet eine Halfpipe oder den vertikalen Abschnitt einer Rampe (siehe *Halfpipe*).

Wax: Engl. für „Wachs". Wird benutzt, um ein Obstacle rutschiger zu machen. Dabei kann man herkömmlichen Kerzenwachs oder „Skatewax" benutzen.

Wheelie: Eine weitere Bezeichnung für Manual

Wheels: Engl. Bezeichnung für Skateboardrollen

2 LITERATURVERZEICHNIS

Brauner, T., Müller, J. & Beinert, K. (2021). *Sportwissenschaft* (1. Aufl.). Urban & Fischer Verlag/Elsevier GmbH.

Bull F., Al-Ansari S. (2020). World Health Organization 2020 guidelines on physical activity and sedentary behaviour. *British Journal of Sports Medicine.* Published by BMJ Publishing Group. Online ISSN: 1473-0480

Bund, A., Wöltjen, T., Nitschke, C., Lingenau, F., & Schmid, K. (2010). Bilaterales Training im Sportbogenschießen. *Leistungssport* (Vol. 40). Philippka-Verl.

Dittmann, J., Isbrecht S., Riesop J. & Scholz D. (2017). *Skateboard Guide.* Stuttgart: Pietsch.

Feiler, S. & Frank, M. (2000). Verletzungsmuster und Verletzungsrisiko beim Skateboarding. *Sportverletzung · Sportschaden, 14*(2), 59-64.

Gerling, I. (2014). *Basisbuch Gerätturnen: Von Bewegungsgrundformen mit Spiel und Spaß zu Basisfertigungen.* (8., neu bearbeitete Aufl.). Aachen: Meyer & Meyer Verlag.

Gößing, S. (2007). *Einführung in die Sportdidaktik: Lehren und Lernen im Sportunterricht.* Limpert.

Haaland, E., & Hoff, J. (2003). Non-dominant leg training improves the bilateral motor performance of soccer players. *Scandinavian Journal of Medicine & Science in Sports, 13*(3), 179–184.

Helmich, I. & Tehrani, R. (2022). Skateboarden, Gleichgewicht und Schule. *Sportpädagogik.*

Klein, C., Bloch, H., Burkhardt, K., Kühn, N., Schäfer, M. (2019). VBG-Sportreport 2019 – *Analyse des Unfallgeschehens in den zwei höchsten Ligen der Männer: Basketball, Eishockey, Fußball, Handball. Eine Längsschnittbetrachtung drei aufeinanderfolgender Spielzeiten.* Hamburg: VBG.

Marcus, B. & Griggi, L. D. (2011). *Skateboard: The Good, the Rad, and the Gnarly: An Illustrated History.* MVP Books.

Niederer, R. (2021). *Einfluss von einmaliger, moderater, körperlicher und aerober Aktivität auf Transferleistungen von kognitiven Problemlöseaufgaben* (Master Thesis). University of Basel, Faculty of Medicine. https://edoc.unibas.ch/85643/

Seifert, T., Hedderson, C. (2009). Intrinsic Motivation and Flow in Skateboarding: An Ethnographic Study. *Journal of Happiness Studies*, Volume 11 (3). Springer Science + Business Media.

Teixeira, L. A., Silva, M. V. M. & Carvalho, M. (2003). Reduction of lateral asymmetries in dribbling: the role of bilateral practice. *Laterality, 8*(1), 53–65. https://doi.org/10.1080/713754469

Von Krosigk, H. (2014) *Absolute Street – Skateboard Streetstyle Book*. Stuttgart: Tropen.

Von Krosigk, H. (2006) *Alles über Skateboarding – History Basics Tricks Material*. Stuttgart: Tropen.

3 BILDNACHWEIS

Coverfoto: Dennis Harwardt @_harwardt

Covergestaltung: Isabella Frangenberg

Layout: Isabella Frangenberg

Satz: Guido Maetzing, www.mmedia-agentur.de

Fotos Innenteil: Dennis Harwardt

Lektorat: Dr. Irmgard Jaeger